やる気が
なさそうなのに
なぜか
うまくいく人が
やっていること

三浦紘樹

飛鳥新社

はじめに

いつのまにかうまくいっている「あの人」の正体

「やる気が出ない……」とため息をついている方はいませんか。

やらなきゃいけないのはわかっているけど、面倒くさい。
動かなきゃいけないことはわかっているけど、動けない。
重い腰を上げて行動してみても、モチベーションが続かない。

そんな方でも、ふと気がついたらなんだか気分が上向いていて、自然と体が動いている。いつのまにか、なんだかうまくいっている。
そんな状態になりたいと思いませんか？

この本では、「そんなにやる気はないけど、なぜかうまくいく」ようになる方法をお伝えします。

僕自身、かつては「いかに仕事をしないで、お金をもらうか」ばかりを考え、会社の定時にタイムカードを押すことを、1日の目的にしているような人間でした。やらなければいけないことを先延ばしにし、休みの日はゴロゴロしてばかりで、気がついたらいつも夕方。

「やる気を出せ」「声が小さい」「覇気《はき》がない」といわれることもしばしばでした。

ご挨拶《あいさつ》が遅れました。

僕は三浦紘樹《みうらひろき》といいます。

10年前に起業し、WEBマーケティング会社の経営や、オンライン起業コンサルタント、講師業などをしています。

年商はだいたい3億円で、僕自身の年収は会社員時代の10倍以上になりました。やりたいことがやれて、とても充実した日々を送っています。

にもかかわらず、実は、僕のやる気のなさは相変わらずです。

「(起業家であることや、年商が3億であることが) 意外ですね」「やる気がなさそうですね」「眠そうですね」などといわれることもよくあります (僕的には人前では、いつもオン状態なのですが……泣)。


実際、今でもしょっちゅうサボり癖が顔を出しますし、「今日はもう無理」と、諦めて寝てしまうこともよくあります。僕のやる気のなさ自体は、10年前となにひとつ変わっていないのです。

モチベーションはいらない

なのに、なぜ、うまくいくようになったのか。

それは、「今諦めたらずっとこのままなんだろうな」という気持ちをバネに、諦めずに行動し続けたからです。

あらゆるジャンルの成功者が声を揃《そろ》えているように、**何事も成功の秘訣は「継続」です。**

はじめなければなにも動き出しませんし、続けなければ芽が出ることはないのです。

今、「あれ?」と思った方もいますよね。

「そもそもやる気がないのに、『成功の秘訣は継続』なんて正論をいって裏切らないでよ」と声が聞こえてきそうです。

でも、あえていわせてください。

「やる気がないまま継続する」ことは可能です。

「継続して成果が出せる人はやる気がある人」という思い込みを叩き壊すのがこの本なのです。

「やる気ゼロなのになんとなくうまくいく」を目指す

この本は、読んだ人が「やる気ゼロのままでも動けて、はじめられて、続けられる」

ようになることを目的に書かれています。

僕自身の体験を通じて確立したメソッドを紹介していきますが、とはいえ、僕だからできたわけでは決してありません。

なぜなら、僕がコンサルティングをした生徒さんも、同じやり方でどんどん成功しているからです。

●40代男性／会社員（営業職）

しょっちゅう仕事をサボって、パチンコや漫画喫茶、カフェに行ったり、仮病を使って会社を休んだりしていた。スマホゲームに大量課金していた。

⇐

年収2000万円の経営コンサルタント

●30代男性／派遣社員（事務職）

スマホゲームが大好き。基本的に締め切りが過ぎてから動くタイプ。海外旅行が大好きでクレジットカードを使いすぎて、生活費がカツカツ状態……。

⇐

3年で年商1億円のウェブマーケティング会社の経営者

●30代女性／会社員（美容部員）

3児の母。子育てで仕事がままならないのを理由に働くことを諦め、「楽して稼ぐ方法」ばかりを探していた。休日はお菓子を食べながら、録りだめたドラマをみるのが唯一の楽しみ。

⇐

フリマアプリを利用した物販の会社経営と講師業で年収1800万円

僕をはじめ、彼らはもともとやる気のあるタイプだったわけではありません。
それでも**続けられたのは、実は、自分のやる気を頼りにするのではなく、「周りの空気」をうまく利用したからです。**

彼らがしたことは「自然と動ける環境」に身を置いただけ。

それで動けてしまえるし、続けられてしまうのです。

成功するのは続けた人だけです。だからこそ、やる気がなくても淡々《たんたん》と続けた彼らは、見事大成功したのです。


この本の序章では、「やる気」とみなさんのすれ違いについてお話しします。

第1章では、「やる気」や「モチベーション」の正体を暴きます。

第2章では、周りにいる人があなたの「やる気」にどう関係しているかをお伝えします。

第3章では、「そこにいるだけ」で自然とうまくいくような環境をどうつくっていくかをお話しします。

第4章では、無理なく動きはじめる方法をお伝えします。
第5章では、「やる気」に頼らずに「続ける」ためのコツをお話しします。
第6章では、とことんやる気がなくなったときの対処法を紹介します。

やる気が出なくても大丈夫です。
むしろ、やる気なんてなくても成功できるのです。
みなさんも、やる気ゼロのまま、なんとなくうまくいっちゃってください。

CONTENTS

第2章 「なぜかうまくいく人」の人間関係 ～周りの人を見直してみる～

第3章 「そこにいるだけ」でうまくいく環境づくり ～自然と気持ちが上向く環境は「他人力」でつくる～

第4章 やる気ゼロでも自然と動き出せる「はじめ方」
～頑張らないで「とりあえず」やってみる～

第5章 やる気に頼らなくてもうまくいく「続け方」
～焦らないで「ゆるく」続ける～

第6章

やる気の谷からの「抜け出し方」

~慌てないで淡々と「コレ」をやるだけ~

序章

モチベーションが上がらないのは、あなたのせいじゃない

やる気難民、増殖中

トップオブトップが蔓延《はびこ》る時代の落とし穴

やる気のない人が増えています。

あちらでもこちらでも、「やる気が出ない……」「動けない……」「どうせ自分なんて……」と声が聞こえてきます。

僕のコンサルティングを受ける生徒さんの約8割は、僕と同じくらいか、僕以上にやる気を出すのが苦手な人たちです。にもかかわらず、「このままで終わりたくない」「なんとなくモヤモヤした状態をもうやめたい」「もう少し稼げるようになりたい」「成功したい」などの気持ちも同じくらい強いです（僕もそうでした）。

なぜ、現代はこんなにも「やる気のない」「やる気が出ない」人たちであふれているのでしょうか。

僕は、インターネット時代におけるスマートフォンの使用やSNSの文化が関係していると考えています。

2021年にベストセラーとなった『スマホ脳』(新潮社)でも、著者でありスウェーデンの精神科医であるアンデシュ・ハンセン氏が、過度なスマートフォン利用がストレスや不安を引き起こしたり、SNSが幸福感や自信を失わせたりしていることを示しています。

スマートフォンを覗《のぞ》くと、華やかに活躍している起業家やインフルエンサーをはじめ、キラキラした毎日を過ごす人たちがたくさんみつかります。

しかも、いろいろな業界のトップオブトップの人たちの情報もすぐに手に入ります。本来、雲の上の人たちの情報を、スマホを通じて簡単に知ることができ、なんならつながることさえできてしまうのです。

それはとても刺激的で、楽しいことでもあります。しかし、その一方で、みる人の自信を失わせやすいことでもあります。

それぞれの世界のトップオブトップの人たちは、飛び抜けた経験やスキルを積み重ねてきた猛者《もさ》ばかりです。そんな人たちばかりをみていれば、「自分はなんてダメなのだろう。とてもこんなふうにはなれない」と思ってしまうのは当然です。

比べなければなにも思わなかったかもしれませんが、日常生活の中でインターネットやＳＮＳに触れていれば、それらは自然と目に飛び込んでくる情報です。

つまり、**私たちはほぼ強制的に自信、ひいてはやる気を奪われている**といっても過言ではないのです。

今は一般的になってきた「起業家」についても、昔はその概念や生態は漠然《ばくぜん》としていましたが、近年はＳＮＳやYouTubeなどを通じて多くの情報が発信されています。

たくさんの起業家たちが自分たちの事業や優位性をアピールする中、それをみて「自分にはとてもできない」と感じざるをえないのです。

あなたが負のループにハマる理由

また、現代はチャンスに富んだ時代でもあります。働き方や生き方、お金の稼ぎ方が多様化し、いろいろな人がさまざまなチャンスを手にしています。

インターネットやSNSをみていると、「これはすごい」「これは稼げそうだ」と感じさせるビジネスや副業方法などがたくさん目に飛び込んできます。

たいてい、「誰でもできる」「すぐにできる」「簡単」などの枕詞《まくらことば》がついており、勇《いさ》み足で飛びつく人は少なくありません。

しかし、継続できる人はなかなかおらず、すぐに脱落していきます。そしてまた新たなチャンスをみつけては飛びつき、継続できずに諦める……といった負のループをくり返します。

このようなマイナスの体験を積み上げていくと、だんだんと自信がなくなり、同時にやる気を失っていくのは当然でしょう。そしていつしか、はじめる前から諦めるようになっていくのです。

ＳＮＳ社会、情報化社会の中で生きていること自体、やる気難民が増えている原因のひとつであることは間違いありません。

どんな有名人でも、お金持ちでもモヤモヤしている

人生はやる気を失う出来事の連続

「やる気が出ない人代表」の僕ではありますが、思い起こせば、子ども時代は今と違い、ハツラツと過ごしていました。

みなさんも、元気いっぱい、やる気いっぱいでなにかに取り組んでいた子ども時代の思い出が、ひとつや2つは必ずあるのではないでしょうか？

にもかかわらず、いつのまにかすっかりやる気のない大人になってしまうのは、なんとも不思議なことです。

これは、情報化社会で生きる弊害《へいがい》とは別のところで、**そもそも「人生自体が自信とやる気を失わせるような出来事の連続」だからだ**と僕は考えています。

友人関係、恋愛、受験、進学、アルバイト、就職、仕事、上司との関係……。子どもから大人へと成長し、社会人として生きていく過程で、自信とやる気を失わせる機会にみなさんも人生の折々で出会ったのではないでしょうか？

しかも、価値観や生き方がどんどん多様化するにつれ、悩みやモヤモヤもどんどん多様化しています。

「初任給は一緒なのに、あの会社のボーナスはうちの○倍らしい」
「元同僚の□□さんが独立して成功している。自分はこのままこの会社にいていいのだろうか……？」
「そろそろ子どもを産まないと体力的に厳しいかも。でも、産後にまた会社に復帰できる保証はないし……」

「毎日同じことのくり返しでつまらない。もっとやりがいがほしい」

「年下上司とのそりが合わなくて、全くやる気が出ない」

「子どもがしょっちゅう熱を出す。そのたびに早退するのが、気まずすぎてしんどい」

「年収の上限がみえた。このまま会社にいても未来がない」

「夢もやりたいこともなにもない。このままでいいのだろうか」


仕事をしてもしなくても、結婚してもしなくても、子どもがいてもいなくても、独立してもしなくても、どうしたって悩みも不安もモヤモヤも発生するのが現代社会です。「自信をなくすな、やる気を出せ」というほうが、無理があります。

僕も、以前働いていた会社の業務は退屈で、全くやる気が出ませんでした。別の会社に勤める友人と自分のお給料を比べて自信をなくしたり、知り合いの経営者からは「給料は大人の通知表だぞ」「君が△△（高級ブランドの車）に乗るなんて絶対に無理だろうね」といわれたり……。

このような積み重ねで、さえない会社員生活を送っていた僕は自信とやる気をどんどん失っていきました。
「こんなお給料では結婚しても家族を養えない。子どもが生まれてもやりたいことをさせてあげられない」と、猛烈な不安に襲われることもありました。

モヤモヤは〝悪〟ではない

僕のコンサルティングを受ける生徒さんも、日々の生活や仕事のこと、キャリアや生き方に悩む人がたくさんいます。

とはいえ、このようなモヤモヤは、実はそんなに悪いものではありません。
なぜなら、モヤモヤするのは「今よりよくなりたい」という気持ちがある証拠だからです。そのような気持ちや欲がなければ進歩もありません。そして人生がよい方向に進んでいくこともないのです。

モヤモヤは、「変えたい」「変わりたい」という自分へのサインでもあるのです。

あなたの「やる気の出し方」、間違っています

やる気を出そうとするのは逆効果

自分のモヤモヤに気づき、それをなんとか解消しようと行動する人もいます。

しかし、たいてい長続きはしません。やる気が続かないからです。

なぜ、やる気は続かないのでしょうか。

それは、ほとんどの人が「間違ったやる気の出し方」をしているからです。正しくいえば、そもそも「やる気を出そう」と考えること自体が間違っているのです。

数年前、趣味のゴルフの大会に出場したときのことです。僕は昔からゴルフをしており、腕前にはそこそこの自信がありました。当然、その大会でも結果を出すことを周囲から期待されていました。

「頑張って！」「期待してるよ！」「いけるよね！」など、チームのみんなは僕に激励の言葉をかけてくれました。僕もみんなの期待に応えたいと思いました。しかし、頑張ろう、やる気を出そうと思えば思うほど、体がこわばり、平常心を失っていくのが自分でもわかりました。

結果は散々なものでした。あんなに好きで得意だったことなのに、あれ以来、ゴルフから遠ざかっているほどです。

ほかにも、いろいろなところでそのような場面は散見します。たとえば、高校野球での一戦でのことです。9回裏、チームメイトが塁《るい》に出ている。自分が打てば、逆転というシーン。周りの期待を一身に受けて、なんとかバットを振るも三振……。バッターボックスで泣き崩れる選手をみたことがあるのではないでしょうか。

このエピソードからもわかるように、自分自身で「やる気を出そう」「頑張ろう」と思うことは、逆効果になるのです。なぜなら、「やる気を出そう」「頑張ろう」と考える時点で、「やる気も頑張りも足りていない」の自己評価になっているからです。

今回紹介したケースは周囲からのプレッシャーという要因があったとはいえ、「やる気も頑張りも足りていない自分をどうにかしなければ」のモチベーションとは、いってしまえば義務感であり、強制感です。

人は強制されるのが大の苦手です。

自由を脅かされたり、奪われたりしたときに抵抗を覚える「心理的リアクタンス」といわれる心の働きがあります。強制されることとは逆のモチベーションが、生まれてしまうのです。要は、「やりたくない」「できない」と感じてしまうわけです。

頑張らないといけないシチュエーション、やる気を出さなければいけないシチュエーションにおいて、これは致命的です。

ちなみに、僕の6歳の娘も、本人の意向を無視して通わせたスイミングスクールを、たった1回行っただけでやめてしまいました。まさに心理的リアクタンスが働いた結果だったと、親としてあとからおおいに反省しました。

ほかにも、親が「お兄（姉）ちゃんがあんなに優秀なんだから、あなたもきっとできる、お兄（姉）ちゃんみたいに頑張って」のように下の子に声をかけ続けたところ、下の子は非行に走ってしまったなどの話もよく聞きます。これも心理的リアクタンスの一種と考えてよいでしょう。

周囲からのプレッシャーも、自分で自分にかけるプレッシャーも、強靭《きょうじん》なメンタルを備えていないごく普通の人の場合、「やる気」にはつながらないのです。

「やる気のある人」を真似しても無意味

「やる気を出さなければ」と思っていた会社員時代、やる気やモチベーションの本を何冊も読んだことがありました。音声プログラムもたくさん購入し、やる気を出す方法、モチベーションを上げる方法をたくさん学びました。

しかし、僕のやる気は出てきませんでした。

その本の著者や音声プログラムの作成者は、僕と違って「やる気のある人」だったからです。

やる気満々の著者と違い、読者（僕）はやる気のない人間です。

著者と僕はその時点であまりにもかけ離れており、やる気のない僕には全く効果がなかったのです……。

モチベーションはいらない

世の中の9割は「やる気」を勘違いしている

そもそも、なぜ僕たちは「やる気を出さなければ」「やる気を出したい」と思うのか。

それは、「はじめに」でも書いたように「継続して成果が出せる人はやる気がある人」という思い込みがあるからです。

いい換えれば、**「やる気がなければ動けない」**、**逆にいうと「やる気があれば動ける」と思い込んでいるのです。**

多くの人は、それまでの人生で「やる気があった状態」を行動の基準として考えています。試験前や締め切り直前に、一時的に本気モードになった瞬間。なんとなくテンションが高くて仕事がサクサクはかどったときのこと。そのような「やる気があって動けていた自分」でないと行動できない、達成できないと思い込んでいるのです。

たしかに、やる気がみなぎっているときや集中できているときの僕たちの脳内では、報酬や快感に関連する神経伝達物質である「ドーパミン」が分泌されていたり、抗ストレスホルモンの「コルチゾール」のレベルが低下していたりと、活動的に動いたり全力で集中したりするのにふさわしいコンディションが整っています。

多くの人は「やる気があって動けていた自分」でないと行動できないと思い込んでいる

しかし、この状態を自分の都合のいいときに再現するのは簡単ではありません。

「夜中に妙《みょう》なハイテンションになるときはあるのに、昼間はさっぱり……」

「このあいだはすごく集中できたのに、おかしいなぁ」

「今やる気を出さないとマズイのに、全然やる気が出ない……」

など、いざというときにやる気が出ず、困っている人は読者のみなさんの中にもたくさんいるのではないでしょうか？

あなたのやる気は「瞬間湯沸かし器」

「あのときみたいな状態になりたい」とみなさんがイメージするような「やる気状態」は、あくまで一時的なものです。たとえるなら、瞬間湯沸かし器で熱したようなものであって、時間がたてばすぐに冷めてしまいます。「熱しやすく冷めやすい」という慣用句があるように、**一気に上がったやる気は持続しません。上がったときの勢いと同様に、一気に下がってしまいます。**

せっかく行動しはじめても続かないのは、このような一時的なやる気を行動と継続のモチベーションにしてしまっているからです。

当たり前のことですが、上がったものはいつか下がります。偶然上がったやる気もそのうち下がりますし、必死に上げたモチベーションも、すぐに下がります。常に上下するやる気や、モチベーションを行動のきっかけや継続のあてにしてしまうのは、大変不毛《ふもう》なのです。

やる気が下がれば下がるほど、不幸になる

ほかにも、やる気を高めてしまったがゆえに、マイナスの影響をもたらすこともあります。**損失を回避したがる人間の心理を説明した「プロスペクト理論」（損失回避の法則）です。**

この理論では、人はなにかを得るよりもなにかを失うときのほうが、精神的影響は大きいといわれています。ある実験では、お金を1万円拾ったときの喜びよりも、1万円を落としたときの悲しみのほうが、精神的影響として2倍も大きいことがわかっ

ています。

この理論をやる気にあてはめて考えると、やる気やモチベーションを高めてしまうと、下がったときのショックは2倍も大きくなります。そのショックのあまり、行動不能に陥《おちい》ることさえあるのです。

ある資産家は100億円の資産がありましたが、投資に失敗して90億円を失い、そのショックで自殺してしまったそうです。

冷静に考えれば「まだ10億円もの資産が残っているのになぜ?」と思ってしまいますが、まさにプロスペクト理論を端的《たんてき》にあらわしています。この例からもわかるように、やる気を高めてしまうと下がったときのショックは何倍も大きく、継続の足かせになってしまうことがあるのです。

次ページの図をみてください。プロスペクト理論を「やる気」にあてはめて図式化したものです。

やる気を高めると、下がったときのショックは2倍も落ち込む

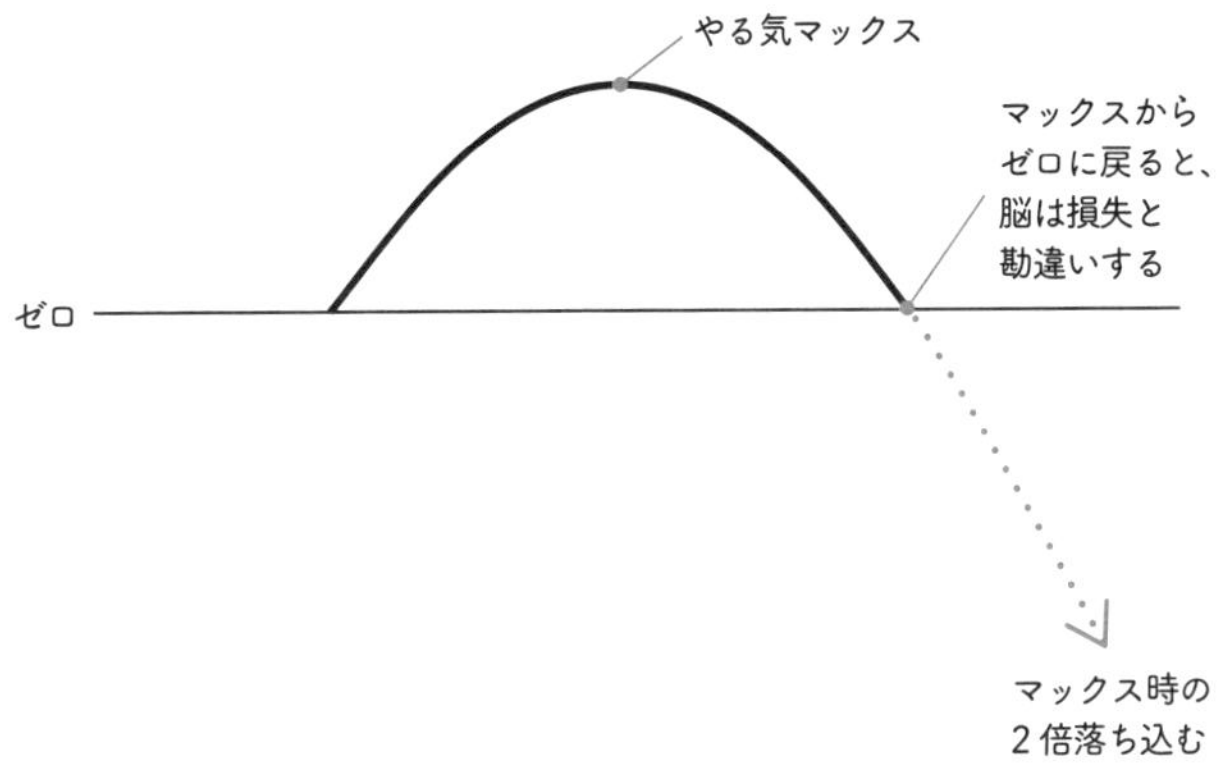
やる気マックス
マックスから
ゼロに戻ると、
脳は損失と
勘違いする
ゼロ
マックス時の
2倍落ち込む

高まったやる気が元の状態（ゼロ）に戻ると、プロスペクト理論上ではマイナスになります。やる気マックス状態の2倍、落ち込むわけです。

僕の生徒さんの**うまくいかない典型例は「最初からやる気満々でモチベーションが高い人」です。**このような人は、最初は調子がいいのですが、1カ月も経つとすっかり熱が冷め、行動できなくなることが多いです。

高すぎるモチベーションは、行動したときの結果と期待のギャップも大きくなりやすく、失望感や挫折感を招きやすいのです。

最強の武器は「ゼロ」

つまり、**やる気やモチベーションは高すぎないほうがいいのです。**

というよりも、**むしろ、「ゼロ」でいいのです。**

モチベーションが下がったときのダメージや挫折を避けたければ、「ゼロ」のままが最強なのです。

「モチベーションゼロのままで行動？　そんなことができるのか？」と思った方がいらっしゃるかもしれません。

できます。

次の章では、本書における「やる気」の大前提《だいぜんてい》と、モチベーションがなくても自然と体が動くようになるメソッドの全体像をお話ししていきます。

第1章

やる気は「周りの空気」が9割

～やる気を「出そう」としない～

私たちに必要なのは「勘違いする力」

やる気とは「やれる気」のこと

序章では「やる気を出そうとしなくていい」「モチベーションはゼロでいい」とお話ししました。

とはいえ、行動するからにはなにかしらの心理的なきっかけは必要です。では、なにをきっかけにすればいいのか。結論からいうと、「勘違いする力」です。

大人しくて控えめな学生がヤンキーグループの一員になった途端、自信満々で強そうな振る舞いをするようになることがあります。それは、周囲の雰囲気に影響を受けて「自分も強いのかも」と勘違いするからです。

また、バスケットボール未経験の高校生がバスケ部に入って、めきめきと上達していく様子を描いた漫画『スラムダンク』(井上雄彦／集英社）でも、主人公はやる気満々ですが、最初からバスケがうまかったわけではありません。喧嘩《けんか》が強かったことや、好きな女の子に頼られたり、おだてられたりして「俺ならバスケもいけるかも」と思い込んだだけです。

このような**「できるかも」「いけるかも」の思い込み、つまり「勘違い」を心理的なきっかけとして利用する――これが本書でいうところの「やる気」の正体です。「やる気」とは、ある種の勘違いであり、思い込みだからこそ、使いこなせるのです。**

このことに気づいたのは、僕が会社員をしながら副業をしていたときのことです。どうにか現状を変えようともがいていた僕は、副業やビジネスについて学べるコミュニティ（オンラインサロン）に所属したり、講座に参加したりしていました。

それまでは上がったり下がったりする、不安定なモチベーションに振り回されてなかなか頑張れない僕でしたが、周囲の環境を変えたところ、「自然と動けて、続けられている自分」に気づいたのです。

「能力＝やる気」ではない

それまで僕の行動が続かなかったり頑張れなかったりしたのは、副業やビジネスといった不慣れなことをしようとしているにもかかわらず、「やる気を出そう」としていたからでした。

なにか新しいことや不慣れなことをはじめるとき、その人は「初心者」です。初心者ですから、どうやればいいのか、どうすればうまくいくのかはわかりません。つまり、**初心者は「うまくやれる」という自信や見通しをもつことが不可能なため、勘違いが発動できないのです。だから、「やる気」もわいてこないのです。**

コミュニティや講座に参加すると、そこには指導者（メンター）や先輩、仲間がたくさんいました。どのように物事を進めていけばいいのか、どうやればうまくいくのかを知る上での「お手本」がたくさんいたのです。

しかも、そのコミュニティにいる成功者をみていると、『スラムダンク』の主人公のような状態になったのです。「自分もいけるかも」「できるかも」と、「勘違いやる気」が発動したのです。

つまり、能力と「やる気」「モチベーション」は全くの別物。自信満々な人は能力があるように周囲から誤認されがちですが、実は両者は別物です。

現時点で達成する能力がなくても「やる気満々」「できる気満々」になっていいですし、そのようなポジティブな心理状態でいるからこそ、行動を継続できるのです。

逆にいえば、勘違いできなければ、新しいことや不慣れなことにチャレンジしたり行動を継続したりすることは、まず不可能です。

やる気は自家発電できない

やる気は人に出してもらうもの

ここまで読んで、「いちいち他人に影響されなきゃ、やる気は出ないってこと？ ひとりでやる気を出せるようになりたい」と思った方もいらっしゃるかもしれません。気持ちはわかります。しかし、そうやってひとりでやる気を出そうとして、自由自在に出せたことがこれまでにありましたか？ ひとりで勝手にやる気を出せているなら、おそらくこの本を読んではいないですよね。

というのも、人間は社会的な動物です。人はひとりでは生きられません。他者とのかかわりの中でモチベーションを刺激され、協働《きょうどう》することでさまざまなことを成《な》し遂《と》げてきたのが人間なのです。

本書を執筆するにあたって多くの人にリサーチをしましたが、**どんなにやる気満々にみえる人も、他者の影響なしにやる気を自家発電している人はいませんでした。SNSやオンラインの環境も含め、人は自分以外の誰かしらから、影響を受けて行動しているのです。**

僕自身もこのことを痛感した出来事があります。

副業として取り組んでいたゴルフの事業で月に100万円以上の利益を出せるようになったため、僕は会社を退職しました。しかし、独立し、自宅でひとりで仕事をするようになると、再びやる気が出なくなってしまいました。

会社員時代は退屈な業務の連続にすっかりやる気をなくしていましたが、独立してからは自分がやりたいことをやっていたわけです。にもかかわらず、行動する気すら起きないのです。

「せっかく独立できたのに、なぜ？」

そう考えて、はたと気づきました。

会社員時代は職場に行けば人がいたし、コミュニティや講座に参加すれば周りにたくさんの人がいました。しかし、独立してからは、たったひとりの空間で孤独なまま作業しなくてはならなかったのです。

人目がないとやる気は出ない

コロナ禍《か》のリモートワークで仕事の集中力が続かなかったり、はかどらなかったりといった悩みを抱く人は少なくありませんでした。

そう、**人目がないとやる気は出にくいのです。**

その証拠に、都心のカフェやコワーキングスペースには、たくさんのビジネスパーソンやフリーランスの人たちが集まって仕事をしています。わざわざ他人だらけの空間にやってきて仕事をするのは、「人目があると頑張れる」ことを体感として理解しているからでしょう。

みなさんの中にも、学生時代に図書館やカフェ、塾の自習室などで勉強をしていた人がいるのではないでしょうか。家でひとりで勉強していると、ついだらけてしまうものですが、外に出て自分と同じように勉強に取り組む人たちの中に入ると、自然と頑張れてしまいます。

やる気とは自分で出すものではなく、他者から影響を受けて自然と生まれるものなのです。

ちなみに、リモートワークで調子が出ずに困っている人は、オンラインの「作業会」（オンラインでつながっている状態で各自が作業すること）に参加すると、外に出なくても「人にみられている状態」をつくることができます。

また、誰かとつながるのが面倒な人や抵抗がある人は、**誰ともつながらない状態でビデオ会議の画面を立ち上げるだけでも、擬似的な感覚を得ることができます。**

ぜひ、試してみてください。

空気は「読む」のではなく、「利用」するもの

私たちはアジ

みなさんもご存知のとおり、2021年の東京オリンピックはコロナ禍を理由に、無観客にて開催されました。

2021年に発表されたNHKの調査結果では、「無観客などの観客制限は選手や競技に影響がありましたか」との問いに対し、「影響があった」と「どちらかといえばあった」をあわせると、86%もの人がなんらかの影響があったと回答しています。

その内訳は「声援による自国開催のホームアドバンテージがなくなった」「競技の普

及やアピールの機会の喪失」「選手のモチベーションや集中力の低下」などがあり、アスリートのような強靭なメンタルのもち主でさえも、周囲の環境や人々によって、やる気やパフォーマンスが影響されることがわかります。

また、アメリカの社会心理学者ロバート・B・チャルディーニ氏は著書『影響力の武器：なぜ、人は動かされるのか』（1991年）の中で、人間は他人の言動によって自分の行動の正しさを判断すると説明しています。これを「社会的証明の原理」といいます。

例を挙げると、スポーツ観戦中に誰かが応援や拍手をはじめると、ほかの観客も同じように応援や拍手をしはじめたり、路上パフォーマンスで、すでにチップが入っているとほかの人も投げ銭しやすくなったりします。

みなさんも「どうしようか」と迷ったときに、ほかの人をみて自分も同じように行動した経験がありませんか。

人間は自分の行動の正しさを他人の言動で判断してしまう癖があるのです。

このような特性は世界共通のものですが、日本人の場合、とくにその傾向が強いといわれています。僕はこの日本人の他人に影響される力の強さ、そして他人軸に陥る姿が集団で行動しているアジのようにみえます。

「沈没船《ちんぼつせん》のジョーク」を聞いたことのある方は、いらっしゃるでしょうか？

世界各国の人間が乗った豪華客船が沈没しかけていました。乗客の数に比べて脱出ボートの数が少ないため、全員は乗り切れません。乗客を海に飛び込ませるため、船長は各国の国民性に合わせた言葉を放ちました。

アメリカ人に対しては「飛び込めばヒーローになれますよ」。
ロシア人に対しては「海にウォッカの瓶《びん》が流れていますよ」。
イタリア人に対しては「海で美女が泳いでいますよ」。
フランス人に対しては「決して海に飛び込まないでください」。
イギリス人に対しては「紳士はこういうときに海に飛び込むものです」。

ドイツ人に対しては「規則ですので海に飛び込んでください」。

中国人に対しては「おいしい食材（魚）が泳いでいますよ」。

日本人に対しては「みなさん（ほかの人）はもう飛び込みましたよ」。

他人にやる気を〝お膳立て〟してもらう

……これが、世界各国の国民性を的確に表現しているといわれる「沈没船のジョーク」です。「空気を読む」「察する」ことが暗黙の了解とされている日本人の特性がよく表れています。**日本人ほど、周囲に影響されやすい国民はいないのです。**


この国民性をうまく利用しようというのが本書の考え方です。

自らの内にある不安定なやる気を行動のきっかけにするのではなく、周囲の空気をうまく利用してやる気を〝お膳立て〟してもらう。

前述した「勘違いやる気」を発動させるような環境や体制を整えさえすれば、「やる気を出そう」と思わなくても勝手にやる気は出るし、動けてしまうのです。

長いものに巻かれることが成功への一歩

群れることは、実は超ポジティブ

「長いものには巻かれろ」ということわざがあります。強い権力や勢いのあるものには逆らわずに、大人しく従うほうが得策であるという意味ですが、このことわざに、悪い印象をおもちの方もいらっしゃると思います。

しかし、日本人がやる気を出す上で、これほど説得力のあることわざは、なかなかないと僕は考えています。

「勘違いやる気」を発動させるような環境として「長いもの」は最適だからです。

世の中は「長いもの」だらけ

長いものとは、「群れ」のことです。グループや集団といった人間の集まりの意味もあれば、「中国市場」「SDGs」「フリマアプリ」など、世の中の流れや流行《はや》りも含まれます。また「ジムのトレーナー」「著名な講師」など、業界やジャンルの専門家などもそうです。要は、多くの人に影響力のあるものが「長いもの」です。

「長いものに巻かれる」「群れる」というと、「自分の考えがない」「流される」「自己犠牲」といったマイナスなイメージをもつ人もいますが、本来、「群れる」ことはポジティブな側面がたくさんあります。

太古から、人間は群れることで石器や火などの知恵を分かち合ってきました。そのおかげで自分より強い動物を倒せるようになったり、集団を形成して共同生活を営んだりし、食物連鎖の頂点に立つことができたのです。

また、集団による農耕の知恵を分かち合うことで、大規模な国家をつくり上げることも可能になりました。

つまり、人間は群れることで、文明や科学技術の発展、大規模な建設、社会的・政治的運動、災害対応など、個人では不可能なことを成し遂げてきたのです。

群れることや世の潮流に乗ることは、決して残念なことではなく、周囲の影響を受けやすい日本人にとってはむしろプラスになることなのです。

「群れ」のパワー

「長いもの」のもつパワーは強力です。

副業やビジネスにおいても、まだ誰も手をつけていないブルーオーシャン（競争相手のいない、未開拓の市場）をみつけることは、なかなか難しいことです。しかし、すでに盛り上がっている「長いもの」なら間違いがありません。

過度なレッドオーシャン（競争が激しい市場）に乗り込んで、勝ち目のない戦いをしろといいたいわけではありません。ある程度の需要や勝算が見込める「長いもの」を対象にしたほうが、勝機をみつけられる確率は高いといいたいのです。

また、物理的な意味での「群れ（グループ、集団）」は、勘違いやる気を発動させるのにもってこいの環境です。

まず、横のつながりがあります。自分と同じような目標をもつ仲間がいれば、相談し合えたり、くじけそうになったときに支え合えたりします。いい意味でのライバル意識や競争意識が働くことで、刺激を受けることもできます。

次に、縦のつながりがあります。先輩や指導者（メンター）からは多くの学びを得られます。具体的な方法を伝授してもらえたり、精神面で支えてもらったり、引き上げてもらったりできます。安心感と刺激をもらえると共に、ゆくゆくは「この人を超えたい」と、さらに前進するための原動力にすることもできます。

そして、「後輩の存在」もできていきます。自分が先輩や指導役（メンター）になれば、頼られる喜びや突き上げられる焦燥感などがうまく働くようになります。

長いものに巻かれる力

僕も、まさにこのような群れのパワーを利用してここまできました。

僕自身はやる気のない人間でしたが、適切な群れの中にいることによって、横から上から下からと、うまくお膳立てしてもらってここまでこられたのです。

ただし、大切なのは「周りの人」「環境」「群れ」の見極めを間違えないことです。

次の章では、周りの人をどのように見極めればよいのか、お伝えしていきます。

第2章

「なぜかうまくいく人」の人間関係

～周りの人を見直してみる～

「なぜかうまくいく人」になるために必要なこと

あなたの能力が死んでいく場所

周りの人次第で人間はいかようにも変わるのだな、と実感した例があります。

僕の過去のクライアントさんで、営業職をしていた人がいました。その人が以前働いていた営業系の会社は、ノルマや周囲の人からのプレッシャーもきつく、上司は飲み会でも愚痴《ぐち》ざんまい、仕事もサボってばかりでした。そんな会社で働くその人の営業成績はさっぱりだったといいます。

ところが、別の会社に転職したところ、以前とはうってかわって営業成績が爆上がりし、1000店舗ある支店の中でもトップ営業マンになったそうです。上司や仲間は信頼できる人ばかりで、「なにかあったら遠慮なく相談してね」と、ミスを恐れずにチャレンジさせてもらえる環境だったといいます。

同じ人間なのに、周りの人が違うだけでこうも変わるものかと不思議になりますよね。しかし、想像以上に僕たちは周囲に影響を受けて生きています。

それがよくわかる小話があるので紹介させてください。

体長の150倍ものジャンプができることで知られるノミですが、蓋《ふた》をした瓶の中に入れられるとどうなると思いますか？　当然、ジャンプしても蓋にぶつかってしまいますよね。そのうちノミは、その瓶の高さまでしかジャンプをしなくなるそうです。しかも、蓋を外してもそれは変わらないのだそう。

この話からわかることは、**生き物は「できない」と自分の無力感を味わうと、本来のポテンシャルを発揮しなくなる**ことです。

このような現象を「学習性無力感」といい、世界的に有名な心理学者であるマーティン・セリグマン博士によって1967年に発表された理論として知られています。回避できないストレスにさらされ続けた動物や人は、その状況から逃れる努力をする気力を失い、自発的な行動をしにくくなるといわれているのです。

飛べなくなったノミが生き返る方法

しかし、やる気を失ってしまっても元の自分に戻ることはできます。

実は、先ほどのノミの話には続きがあります。

蓋を外した状態でも、瓶の高さまでしか飛べなくなってしまったノミたちの中に、元気なノミを入れてあげるとどうなるか。

なんと、元気なノミのパワフルなジャンプをみて、ほかのノミたちも同じように、高くジャンプするようになるのだそうです。「あ、私って、もっと飛べるんだった」と思い出すわけです。

僕はよく、生徒さんに次のように伝えています。

今はすっかりやる気がなくなってしまっていても、これまでの人生で一度や二度はハツラツと意欲的に頑張った経験があるはず。今回もそのときと同じように取り組めば絶対にうまくいきますよ、と。

あなたが本来の力を発揮できるかどうかは、あなたが決めることではないのです。

周りがあなたの気力を奪うような人たちであれば、パフォーマンスは落ちていきます。逆に、ポテンシャルを最大限に発揮している仲間が周りにいれば、あなたも同じように発揮できるようになります。

うまくいくようになりたければ、それにふさわしい「周りの人」が必要なのです。

なけなしのやる気をぶち壊す「ドリームキラー」

出鼻をくじきたい人々

「やめたほうがいいんじゃない？」
「無理なんじゃない？」
「そんなことより今の仕事を頑張れば？」

などの言葉で、あなたの向上心を粉砕《ふんさい》してくる人がいます。

他人の目標や夢をネガティブな言葉で否定し、邪魔してくる「ドリームキラー」です。うまくいく人になりたいなら、彼らにはとくに気をつけねばなりません。

彼らは一見、相手への親切心をもって助言していることも少なくありません。そのため、「そういわれれば、そうかも」と納得し、意気消沈して「やっぱりやめておこう」となってしまうと、いつまで経っても行動できないでしょう。

ドリームキラーはあちこちにいます。

あなたがなにかをはじめようとしているときにそういう人が現れたら、「心配してくれる気持ちはありがたいけど、自分は自分の道を行く」の精神で華麗《かれい》にスルーするのが一番です。頻繁にあなたの言動を否定してくるような人であれば、距離を置くことも考えたほうがいいかもしれません。

とくに、家族やパートナーといった身近な存在がドリームキラーの場合、こちらの精神力も必要になります。いくらやりたいことでも、身近な人に反対されながら続けるのは大変つらいものです。

そこで、身近な人に話をするときは、まず「〇〇ってどう思う?」「最近、ちょっと

△△に興味があって」のように、軽くジャブを打って反応をたしかめてみましょう。

その段階でネガティブな反応がみられたら、それ以上、詳しく話すのをやめておいたほうがいいかもしれません。

相手が本当に善意で心配しているのなら、実際に成果が出るようになった段階で、報告するといいでしょう。そうすれば安心し、応援してくれるようになる可能性もあります。

一方で、うまくいくかどうかはさておき、とにかく相手がそういうことをしていること自体が気に食わない人もいます。そのような人には、最初から最後までなにもいわないのが得策です。無理に了承を得たり、納得させたりするのではなく、その人の前ではその話題に触れないほうが無難です。

地獄か天国かはパートナー次第

僕の生徒さんでも、とくに女性の場合、「夫に反対されていて……」と悩む人が少なくありません。「うまくいくかわからないから心配」というパートナーの人もいますが、そもそも妻が働くことや外の世界で活躍することが気に食わない人もいます。せっかく、本人にやる気と能力があるのに非常にもったいないなと、みていて思います。

逆に、妻の頑張りを応援し、「子どもや家のことは僕もやるから」と、物理的にも精神的にもサポートしてくれるパートナーの人もいます。そのようなパートナーのいる女性は思い切り頑張ることができ、どんどん羽ばたいていきます。

前者のタイプのパートナーを「ドリームキラー旦那」、後者のタイプを「神旦那」と僕は呼んでいます。**パートナーが「ドリームキラー」か「神」かによって、人の成功は大きく左右されます。**もちろん、この現象は性別が逆になっても同様です。

身近な人に自分のやりたいことを否定されたり、邪魔されたりするのはつらいものです。であれば、ドリームキラーに自分のやりたいことを話すのはやめ、「自分は自分」と割り切り、淡々と行動しましょう。

ちなみに、僕の父親も、副業や起業をあまりよく思っていませんでした。心配しつつも応援してくれていた母親には、聞かれれば話していましたが、父に対しては、とくに進捗《しんちょく》を話すようなことはありませんでした。

起業して10年経った今は応援してくれ、色々なことも手伝ってくれます。ただ、結果が出ていない当時に相談していたら、会社員として定年まで勤め上げた父のアドバイスは、起業をしたいという僕にとってはブレーキになっていたかもしれません。

必ずしも、身近な人が応援してくれるとは限りません。うまくいくようになりたいのであれば、ドリームキラーとはうまく距離をとりましょう。

付き合うべき人、別れるべき人

人を見極めるポイント

やる気がなくても、なんとなくうまくいく環境にふさわしい「周りの人」とは、どんな人か。付き合うべき人とそうでない人を、まとめておきます。

付き合うべき人

- ポジティブな影響を周りに与える人
- 共通の目標や趣味をもっている人
- 尊敬できる人

- シェアやギブの精神がある人
- 感謝の気持ちを常にもっている人
- 指導者（メンター）とのホウレンソウ（報告・連絡・相談）ができている人
- 笑顔を心がけている人
- 周りを心から応援できている人

別れるべき人

- ネガティブな影響を周りに与える人
- 自己中心的な人
- 進捗を妨《さまた》げる人
- 嘘をついたり、嘘を隠したりする人
- ズルをする人
- 人のせいにする人
- 悪口をいう人
- 完璧主義な人

完璧主義は貧乏

「完璧主義な人」と付き合わないほうがいいのはなぜか。単に友人として付き合うのなら、問題はないかもしれません。しかし、なにかのプロジェクトや副業、ビジネスなどに挑戦する場合は、気をつけたほうがいいです。なぜなら、完璧主義な人と一緒にいると物事が一向に進まないからです。

Facebookの生みの親である、マーク・ザッカーバーグ氏の言葉に「Done is better than perfect(完璧よりもまず終わらせろ)」があります。

僕もビジネスにおいて「完璧主義は貧乏」とよくいうのですが、完全に仕上げてから次の段階に進もうとしても、そんな日は永遠にやってきません。**不完全でもよいからある程度の段階で次に進み、進みながら修正や調整を加えていくのが、ビジネスで成功するための鉄則です。**

誰かと一緒に取り組む際、完璧主義な人とは手を組まないほうが、成功確率は何倍も高まります。

また、今回リストアップした中には挙げていませんが、**「あなたがしたくないことを強要したり、その人に従うことによってあなたの生活に悪影響が出たりするような相手」とも付き合わないほうがいいです。**

わかりやすい例を挙げると、喫煙・飲酒・ギャンブルなどです。あなたが好きでやっていて、それが成功の妨げになっていないのなら、問題ありません。ただ、あなたがあえて避けているにもかかわらず、それをすすめてきたり、強制されたりして、あなたの日々の生活や気持ちが乱されるようなことがあれば、その相手とは距離を置いたほうがいいです。

「この人と一緒にいると、いい方向に進まないいな」

そう感じる相手とさりげなく離れるようにするだけで、あなたの毎日は少しずつでも、なんとなくいい方向へ進みはじめるはずです。

人を見極める技術

万人のやる気を引き出せる人はいない

人の選び方について、もう少し踏み込んだ話をします。

親しく付き合う相手を選んだり、一緒に取り組むパートナー的存在や指導をあおぐメンター的存在として相手を選んだりする際は、前のページでお伝えしたこと以外にも意識すべきポイントがあります。それは「相性」です。

「2－6－2の法則（2－8の法則の派生版）」と呼ばれるものがあります。もともとはイタリアの経済学者であるヴィルフレド・パレート氏が提唱したもので、「経済

2－6－2の法則（パレートの法則）

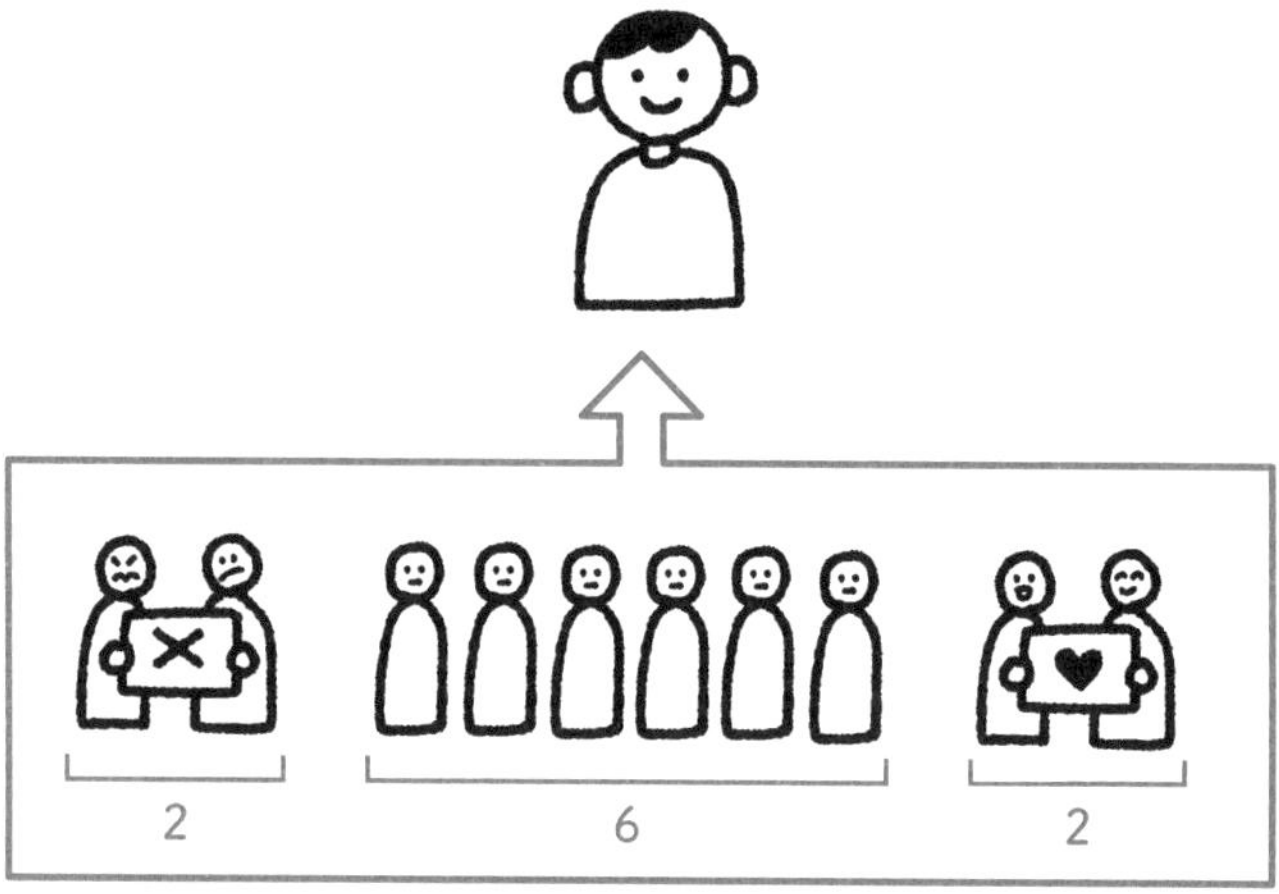

活動における数字のほとんど（8割）は全体のごく一部（2割）の要素によって生み出されている」というのです。あらゆることに通ずる経験則として知られており、「パレートの法則」とも呼ばれています。

この法則を人間同士の相性にあてはめると、「**2割の人は自分に対して好感をもっており、6割の人はとくになんとも思っておらず、2割の人は嫌悪感をもっている**」と考えられます。パートナー的存在や先生的存在は、自分に対して好意のある人でないと成立しにくいことをふまえると、自分にとって相性のよい相手の候補はそう多くないのです。

しかも、相手が自分に好意をもっているのみならず、自分も相手を好ましく思えるかどうかまでふまえると、その数はさらに少なくなります。お互いに相性の合う相手をみつけるのは、簡単なことではないのです。

また、どんなに人のやる気を引き出すのが上手な人でも、万人に対応できる人は存在しません。相性があるからです。つまり、**人を選ぶとは「自分と相手の相性を見極める」ことでもあるのです。**

では、相性のよい相手をどのようにみつければよいのか。

まずは、自分に合う相手がどのような人かを把握しなくてはなりません。その方法は、大きく分けると2つあります。

ひとつ目は、**これまでの自分の経験を振り返ることです。**

これまでの人生で「この人とは相性が合うな」「一緒にいて居心地がいいな」「この人

と一緒に取り組むとうまくいきやすいな」と感じた人は誰でしょうか？

また、あなたを含む何人かでなにかに取り組んでうまくいった経験をした際、誰がキーパーソンとして活躍していたでしょうか？

そのような人を思い出し、その人がどんな性格で、どんな傾向があるかを考えてみましょう。それが「あなたと相性のよい人の特徴」です。逆に、「この人は合わないな」と感じた人を思い出してみることも参考になるでしょう。

あなたという存在を可視化する

自分に合う相手がどのような人かを把握する方法の2つ目は、**あなた自身が改めて「自分を知る」ことです。**

「なにを今さら」と思うかもしれませんが、実はとても重要な作業です。というのも、**人は意外と自分のことをわかっていません。自覚していない自分の一面を知ることは、あなたの可能性や選択肢を広げてくれます。**それは人との相性に関しても同じです。

自分を知る方法はいくつかあります。「〇〇性格診断」「△△テスト」といった自己診断ツールを利用してもいいのですが、分析方法や相性の判断方法が難しいケースも多いため、もっと手軽で実用的な方法を紹介します。

- 自分のいいところや武器を友人に聞いてみる
- 自分の強みや弱み、価値観を紙に100個書き出してみる
- コンサルタントやコーチ、カウンセラーと話してみる
- 新しい経験をしてみる

紙に100個書き出すのは、100個も書くといくつかは内容が重複してくるはずで、その内容から自分の傾向がはっきりみえやすいからです。

また、**未知の領域に踏み込むと人は本来の自分が出やすくなるため、あえて新たな体験をしてみるのもひとつの方法です。**

「知らない人の中に入ると、いつも隅っこで大人しくしちゃうんだよな。要は引っ込

み思案ってことか」「知らない人のほうが、意外と気軽に話せるものだな。案外気さくなタイプなのかも」など、改めて気づけることがあるはずです。

弱みを補う人は、あなたの対極にいる

このような方法で自分の強みや弱み、特徴、武器、傾向などがみえてきたら、それらと「反対」の性質を考えてみてください。「まじめ」なら「適当」「ざっくり」など、「慎重」なら「大胆」「勇気がある」「決断が早い」などです。

なぜ**反対の性質**を考えるのか。それは、その性質は**あなたにはないものであり、あなたを補ったり、あと押ししたりしてくれるもの**だからです。

そのような性質を備えた人と親しくすることで、あなたの毎日がなんとなくうまくいきやすくなったり、パートナー的存在や先生的存在として選んだ場合には、物事が加速度的にうまくいくようになったり、たくさんの学びやあと押しを得られたりします。

もちろん、人間関係はすべてがロジックで語れるものではありません。「勘」や「直観」のような感覚の要素で、判断すべきタイミングもあるでしょう。とはいえ、「自分と相性のいいタイプ」「相性がよくないタイプ」「自分に必要なタイプ」などを言語化した状態で頭に入れておくと、人選びのハードルは相当下がるはずです。

あとは、「価値観が合うかどうか」「コミュニケーションをとりやすいか」「ポジティブな関係でいられるか」「共通の目的や活動」などの要素も参考にしてみてください。

なお、人の性格や特徴、そして相性といったものは不変のものではありません。人選びや人付き合いに失敗したとしても、その経験を学びに変えて、あなたの「人をみる目」をどんどん養っていってください。

みる目が養われれば養われるほど、あなたの周囲は「なんとなくうまくいく環境にふさわしい人」ばかりになっていきます。

悪いものに巻かれれば、あなたも「悪」になる

集団で悪事に手を染めてしまう心理

章の最後に、大事な話をしておきます。

ルール上はNGにもかかわらず「周りの人もみんなやっているからいいか」、あるいは先輩や目上の人から「大丈夫だから」といわれて「まぁ、いいか」。そんなふうに流されてしまったことはありませんか？

「赤信号、みんなで渡れば怖くない」とのブラックジョークに象徴されるように、周りに流されてルールを破ってしまった経験は誰にでもあるでしょう。

周りに影響がない範囲で赤信号を無視するくらいなら、たいした問題にはならないはずです。しかし、中には周囲に流された結果、大惨事《だいさんじ》になってしまうこともあります。集団生活におけるいじめ、企業の不祥事、横領、詐欺グループによる事件など、周りに影響されて悪事に手を染めてしまった例はたくさんあります。

社会心理学の実験でも、人間の染まりやすさは明らかになっています。

米イェール大学の心理学者スタンレー・ミルグラム氏は、「権威のもとで人はどれだけ服従的になるか」をたしかめる実験を1960年代に行いました。これを「ミルグラムの実験」といいます。

被験者は「教師役と生徒役にクジで分けられ、生徒役が問題に答え、間違えるたびに、教師役によって電気ショックを与える」と説明されます。実際は実験協力者が生徒役を務め、台本どおりに答えを間違える手筈《てはず》になっています。電圧の強度は30種類あり、その強さの度合いに合わせて、あらかじめ録音した生徒役の悲鳴を流す計画です（もちろん被験者には伏《ふ》せられています）。

30種類のうち、最大電圧は致死《ちし》に値する強さです。しかし、台本どおり生徒役が解答をミスし、進行役の白衣の男が「ボタンを押してください」と指示すると、躊躇《ちゅうちょ》しつつも最大電圧まで押した被験者は65％にものぼったといいます。

この実験はその後も条件を調整しつつ再実験されてきましたが、毎回「権威のもとで多くの人は服従的になり、残虐なことをしてしまう」ことがわかっています。

実は、この実験はナチス政権のもとで大量のユダヤ人を殺戮《さつりく》した責任者である、アドルフ・アイヒマンの心理を研究するために行われたのがきっかけであり、「アイヒマン実験」とも呼ばれています。

歴史上には「よくこんなに極悪非道なことができるな」と感じさせられる出来事がたくさんありますが、人は周囲に影響される生き物であると考えれば、残念ながら不思議なことではありません。**善意あるはずのごく普通の人間でも、周りの人次第で倫理観をはるかに超えるレベルで悪い方向に進んでしまうこともあるのです。**

他人の正解が、あなたの「正解」ではない

匿名性の高いSNSでも、少数の人からはじまった悪意ある攻撃が、雪だるま式に膨れ上がっていく様子がよくみられます。1人ひとりは善意のある人間でも、「ほかの人もしているし、自分もやってもいいのかも」との心理が働くからでしょう。

また、他人をカモにする詐欺行為、登録者数やグッドボタンほしさにエスカレートしてしまった迷惑系YouTubeチャンネル、試験でのカンニング行為、スポーツでのラフプレー（ルールやマナーを逸脱《いつだつ》したプレーのこと）や、ドーピングやスコアのごまかしなども、そもそもの動機は「稼ぎたい」「勝ちたい」などの前向きなものです。

それがどこかのタイミングで間違った方向に進み、結果的に悪事を成してしまうのです。完全にひとりで暴走する人も稀《まれ》にいるかもしれませんが、多くのケースでは「ほかの人もやっているし」との判断がどこかであったはずです。

「なんとなくうまくいくようになる」にはそれにふさわしい「周りの人」が必要だとお話ししましたが、このような理由からも周りの人選びは慎重に行うべきです。

なお、社会通念上明らかに誤ったことをしている人に近づくべきでないのはもちろんのこと、善意を装ったトラブルメーカーにも気をつけてください。

たとえば、ネットワークビジネスや怪しげな投資案件の誘いなどには要注意です。ネットワークビジネスは、ヒエラルキーのてっぺんの人しか儲からない仕組みなので、手を出さないほうが無難ですし、投資案件は詐欺まがいの話がほとんどです。

「長いもの」には積極的に巻かれてほしいのですが、それが「悪いもの」ではないことだけは、最初にしっかりとたしかめてください。また、途中の**どのタイミングにおいても「あれ？」と怪しく感じることがあれば、早めに離れるのが得策です。**

次の章では、あなたのやる気をお膳立てしてくれる環境をどのようにみつけ、どのように長いものに巻かれていけばよいのか、お伝えしていきます。

第3章

「そこにいるだけ」でうまくいく環境づくり

~自然と気持ちが上向く環境は「他人力」でつくる~

自分のためになる「長いもの」のみつけ方

長いものには種類がある

ところで、なぜあなたはやる気を出したいのでしょうか？　というのも、**どのような群れや集団に巻かれていけばよいかは、目的によって異なるからです。**

プライベートや趣味を充実させたいのであれば、興味のあること、好きなことを切り口に「長いもの」を探してみましょう。共通の趣味やスポーツを通じて知り合った仲間は、社会的立場に関係なく平等になりやすく、普段の生活では話す機会のない立場の人とも親しくなりやすいのも利点です。

副業をしたいのなら、「副業」「在宅ワーク」などのキーワードや、「ウェブデザイン」「メルカリ」といったジャンルごとのワードも切り口になります。

仕事を充実させたいのであれば、社内のサークルや集まり、外部の交流会、スキルアップ研修会のほか、憧れの上司や先輩なども「長いもの」になりえます。

このように切り口はいくらでも考えられますが、アプローチの仕方には次のような方法があります。

SNS、ブログ、YouTube

特定のキーワードやハッシュタグを使って検索すると、そのジャンルのインフルエンサーやコミュニティ、情報源などをみつけることができます。フォローしたり、定期的にチェックしたりするだけでも、十分に刺激を受けられます。より興味がわいたら、イベントやセミナーが開催される際に参加してみるとよいでしょう。

更新が定期的な人は信頼性が高い傾向にあるので、おすすめです。またYouTubeでは、視聴者からの肯定的なコメントが多い人を選ぶとよいでしょう。

イベントやセミナー

関心のあるイベントやセミナーがあったらお試しのつもりで参加してみましょう。その場の雰囲気を実際に体験してみることで、自分に合うかどうかを確認できますし、ほかの参加者と話したり、仲良くなったりすることもあります。また、参加した人限定で入会できるコミュニティなどを案内してもらえることもあります。

なお、自治体が主催しているものに参加すると地域に知り合いができ、地元での生活が充実しやすいです。地域のお祭りに参加するのもいいですね。インフルエンサーや権威のある人が主宰しているものは、地域を問わず共通の関心をもつ人と知り合えるでしょう。

選ぶときのポイントは、そのイベントやセミナーが定期的に開催されているかどうかです。定期的な開催は、人々に価値を提供し続けている証拠です。

既存のコミュニティ

自治体の広報誌や、ウェブサイトで募集している集まりやサークルのほか、民間の社会人サークル、スポーツジム、各種の教室、習い事などは、共通の趣味を通じた知り合いができたり、その道のプロから学んだりすることができます。リアルだけでなく、オンライン中心のコミュニティ（オンラインサロン）もあります。

僕もゴルフ場の会員になることで、ゴルフ仲間がたくさんできました。アッパー層の会員も多く、見識が広がり「こんなふうになりたい」と思う人とも出会えました。

コミュニティの活動歴やメンバーの実績をみて、選ぶとよいでしょう。またリアルイベントが定期的に開催されていると安心できます。

身近な集まり

会社や職場の部活や定期的な集まり、友人同士の有志の集まりなど、コミュニティと呼べないほどの集団であっても、参加することで得られるものはあります。職場の尊敬できる上司や、憧れの先輩などが参加している会（1回限りのものもOK）に顔を出してみるのもよいでしょう。

なお、そのような相手に自分から「今度食事をご一緒させてもらえませんか」「一緒に飲みに行きませんか」などと誘ってしまうのもありです。**定期的にアドバイスなどをもらうようになれば、その人はあなたにとっての「メンター」です。ひらかれている雰囲気のある集まりに参加しましょう。**

友人や知人のネットワーク

「○○に興味があるんだけど、同じような人がいたら紹介して」「△△について詳しい人がいたら教えて」と友人や知り合いに伝えておくと、紹介してもらえることがあります。共通の知人を介した出会いならではの安心感もメリットです。

また、「今度□□するんだけど、来ない?」と**誘われた際は気軽に参加してみると、**友人が別の友人を連れてきたりしていて、**知り合いの輪が広がりやすいです。**僕も以前、友達に誘われてよくサバイバルゲームに参加していましたが、どんどん知り合いが増え、世界が広がりました。

講座やコンサルティング

「これを学びたい」「この人から教えてほしい」など、目的がはっきりしている場合は講座に通ったり、コンサルティングを受けたりするのも手っ取り早いです。お金はそれなりにかかりますが、得られるものは大きいです。

ただし、ほかの受講生や講師の雰囲気、相性などをよくたしかめてからにしましょう。もし選び方で悩んだら、**講師の経歴や実績、受講生の実践の声をチェックするのがおすすめです。とくに講師が実際に業界で成功しているかを調べてみましょう。**

なにもない人には、とっておきの長いものがある

「やりたいこととか目標とかはないんだよなぁ」という方もいらっしゃるかもしれません。むしろ、「やりたいことがないからこそ、モヤモヤしている」「ほかの人が頑張っているのをみて、焦る気持ちがある」という方もたくさんいらっしゃることでしょう。

そのような人は、とりあえずSNSやYouTubeをみて「こんなライフスタイル、

憧れるなぁ」「この人みたいになりたいな」と感じる発信者や、興味をもてるアカウントやチャンネルをみつけてみましょう。**フォローして定期的に発信を眺めるだけでも、刺激を受けられます。**

さらに、余裕があるときに「なんで自分は、この人に憧れるのだろう？」と考えてみると、「本当はこうなりたい」「こんな生活をしたい」のヒントをみつけられるかもしれません。

その発信者やアカウントをフォローし続けていると、イベントやセミナーの告知、講座やコミュニティの案内が流れてくることもあります。

その先は、あなたの目的に応じて、うまくアカウントを利用させてもらいましょう。フォローだけして日々の小さな刺激を受け続けるのもいいですし、イベントに参加して仲間をみつけたり、講座に参加したりしてより強い影響を受けるかどうかは、あなたが欲する刺激の強さによって決めましょう。

群れの雰囲気をジャッジする

猪突猛進はアウト

「SNSやブログを眺めるだけならまだしも、イベントに参加したり、ましてやコミュニティに入ったりするのは抵抗が……」と思う方もいらっしゃるかもしれません。もちろん、無理をする必要は一切ありません。**抵抗を感じる時点で、まだあなたが行動するタイミングではないのです。**

とはいえ、1回きりのイベントであれば、そんなにお金がかかることもありません。「ちょっと気になる」「行ってみたいな」と感じたら、ぜひ気軽に参加してみましょう。

スポーツジムや教室などもたいてい「体験」「トライアル」の枠がありますし、職場の集まりや友人からの誘いなども、「本格的に参加するかはわからないけど、ちょっとみてみるだけ」と断った上で参加させてもらうとよいでしょう。**一度行ったからといって、永遠に参加し続けなければいけないわけではありません。**

一時的にやる気が出ているときは、勢いで入会したくなることもありますが、やる気が下がったときには残念なことになりがちです。まずは、自分に合うかどうかをきちんとたしかめるようにしてください。

その際、チェックすべきポイントを紹介します。

- 講師や主宰者など、代表はどんな人か
- 代表に対して、個人的に好感をもてるか
- 参加者と代表の関係やかかわり方
- 参加者はどんな人か
- 参加者は「うまくいっている人」か

未来は代表と参加者の関係に潜んでいる

代表がどのような人かは、とても重要です。実力や実績があることはもちろんですが、とくに重要なのはあなたとの相性です。**いくら権威のある人や評判のよい人でも、あなたと合わない場合は、よい関係になりえません**（ちなみに僕は以前200万円の受講料を払ったにもかかわらず、メンターのレベルについていけず、ドロップアウトした経験があります……）。

第2章で把握した「あなたと相性のよい人の特徴」を思い出しながら、代表の人柄や姿勢を確認してください。ただし、**いくら相性がよさそうでも、好感をもてなければ意味がありません。**好感をもてるかも含めて、相性のうちだと思ってください。

また、代表と参加者の距離感やかかわり方も大事なチェックポイントです。

よいコミュニティでは代表とメンバーの距離が近く、メンバーが成長できるよう、代表が真剣に取り組んでいるものです。代表自身にカリスマ性があって大成功していても、コミュニティのメンバーが成功していなかったり、成長できる場をつくれたりしていない場合、そのコミュニティはあまりよい環境ではない可能性が高いです。

そのような意味では、周りのメンバーの様子をしっかり観察することで、そのコミュニティの価値を確認できます。参加者の人たちと、あなたとの相性や好感をもてるかどうかはもちろんのこと、**参加者から「うまくいっていいそう」「いい感じ」という印象を受けられるかどうかは非常に重要なポイントです。**

なお、自分に合う長いものを探す過程では、いろいろな人と出会う機会が増えます。中には、「お茶しませんか」「勉強会に来ませんか」などと誘われて行ってみると、ネットワークビジネスの勧誘だった、なんてこともあるかもしれません。

人との出会いが増えれば、このようなことは必ず経験します。「仲良くなれるかと思ったのに」とショックを受けるかもしれませんが、「お金目的の人か……。残念だな」と心の中でそっと幸せをお祈りし、さっさとお別れするのが一番です。

「オンラインサロン」の実態

最新の群れ方

コミュニティの中でも、最近注目度の高い「オンラインサロン」（または「サロン」）について、気になっている人もいるかもしれませんね。

オンラインサロンとは、簡単にいえばオンラインでつながれる、クローズドなグループのことです。会費を徴収しているところが多く、チャットツールや掲示板機能を使ったコミュニケーションを中心に、24時間メンバーや指導者（メンター）とつながれるのが特徴です。オンラインだけでなく、リアルでも交流しているところもあります。

実業家、作家、アスリート、各種の専門家、芸能人など、さまざまな業界やジャンルで影響力のある人が主宰していることが多く、規模の大きなものから小さなものまでいろいろあります。実業家の堀江貴文氏やお笑いタレントの西野亮廣氏など、著名人が主宰するコミュニティもあれば、SNSを使った副業のノウハウを教えたり、情報交換したりするためのコミュニティのような、特定の目的のためのものもあります。

扱っているジャンルは「副業」「占い」「美容」「健康」「自己啓発」「旅行」「スポーツ」「料理」「ビジネス」など、いくつか挙げてみるだけも実にさまざまなものがあります。しかも、それぞれのジャンルからさらに細かくテーマが枝分かれしています。

たとえば「占い」なら、教える側になることを目的とするものから、単に占い好きの人たちのコミュニティもあります。正直、みつけられないテーマのものは存在しないほどです。

オンラインサロンは怪しくない

「オンライン」「サロン」などの言葉の印象から、「怪しそう」と思っている人も多いようですが、ほとんどのところは怪しくありません。

なぜなら、基本的には以前でいうところの「同好会」「サークル」の類いが、リアルの場からオンラインへと機能を移しただけだからです。インターネットが発達してITコミュニケーションツールが充実した今、リアルからオンラインへと交流の場が移行、あるいは併用するようになっただけの話であり、やっていることは「勉強会」「部活」「サークル」と基本的には一緒です。

オンラインで共に学んだり情報交換したりしつつ、たまにリアルでイベントを開催したり懇親会をしたり、中には一緒に旅行したりしているコミュニティもあります。なんだか、楽しそうですよね。

なお、ごく一部のコミュニティが詐欺まがいの勧誘をしたり、商材を売りつけたりするケースが報道され、「オンラインサロンって危ないんでしょ？」と思い込んでいる人もたまにいます。

しかし、そのような**怪しいコミュニティは、めったにありません。**とはいえ、第2章でもお伝えしたとおり、万が一怪しいと感じるところと出会ってしまった場合は、さっさと逃げてくださいね。

小さな画面から大きな人脈と知識を得る

オンラインサロンのメリットは、インターネットを介して日本中、場合によっては世界中の人と関係を築けることです。

普通に暮らしていれば、絶対に会えない人と出会えたり、親しくなれたりします。身近にはいない「すごい人」から学べたり、指導を受けられたりもします。普段の生活圏では縁のない世界と交われるため、見識も人脈も一気に広がります。身近な人の中からメンターをみつけるのが難しい場合も、オンラインサロンならみつけやすいでしょう。

また、オンライン中心だからこそのかかわり方の自由度も魅力です。

極端にいえば、**入会だけしてずっと「みているだけ」でもいいわけです。**リアルのコミュニティでは、ずっと黙って隅っこにいると、主宰者やほかの参加者から心配されてしまうかもしれませんが、オンラインサロンならそのあたりは自由です。この気軽さも大きなメリットのひとつです。

ちなみに会費や参加費は、月に数千円から数万円あるいはそれ以上と、幅があります。スキルアップ系のコミュニティや講座などは「自分への投資になるか」「このスキルを得ることで、将来的にどれくらいのリターンが得られるか」などをふまえて、判断するとよいでしょう。

ちなみに、ボディメイクで有名なパーソナルトレーニングジムの「RIZAP《ライザップ》」は、2

カ月で30万円以上の費用が必要であり、そのノウハウもインターネットを調べれば、おおよそ理解できることが多いにもかかわらず、多くの人が利用しています。

「結婚式までになんとかやせたい」「短期集中で人生を変えたい」などの目的がある人にとっては、大きな価値があるのでしょう。要は、**金額と「覚悟」はある程度比例することが多いのです。**

もちろん、一時的なやる気の勢いで即決するのは危険ですが、今までお話しした内容などをふまえ、自分にとって価値があると思えるのであれば、よいのではないでしょうか。

僕の巻かれてきた過去

相性のよい「群れ」と出会うまで

僕自身も群れのパワーを利用し、うまく〝お膳立て〟してもらって、やる気のないままここまできたとお話ししました。

僕がどのような「長いもの」に巻かれてきたのか、簡単に紹介しておきます。

僕がさえない会社員だったことは、すでにお話ししました。

少ないお給料に不安を覚え、副業としてはじめたのはヤフオクやアフィリエイトといったインターネットのビジネスでした。

自分の力だけではうまくいきそうになかったので、まず、アフィリエイトを学ぶ塾（20万円）に入りました。しかし、ヤフオクもアフィリエイトも、あまり面白いと感じることができず、続けられませんでした。

次に参加したのは起業塾（50万円）です。どのような副業をすればよいかも含め、そこで学ぼうと考えたのです。しかし、その塾の勉強会に参加した際、その塾自体をプロデュースしている方と知り合う機会があり、「せっかく学ぶなら一流の人に学びたい」と思った僕は、その人が提供していた別の講座（２００万円）を受講することにしました。

ところが、そのメンターのアグレッシブな雰囲気に僕は心が折れてしまい、9カ月でドロップアウト。かわりに、その人の一番弟子で、もう少し雰囲気の柔らかい人が提供していた講座（35万円）のほうを受講することにしました。

その人には「どんな事業をすればよいか」というところから、一緒に考えてもらいました。そして、いろいろと試行錯誤する中で、僕がたどり着いたのがゴルフに関する事業でした。具体的には、ゴルフグッズをオンラインで販売したり、プロゴルファーと組んで、ゴルフがうまくなる情報をYouTubeで発信したりしていました。

最初の頃の収入は月に3万円や5万円のレベルだったのですが、だんだんと軌道に乗り、ついには月に100万円以上の利益を出せるようになりました。

「30歳までには独立したい」という夢が僕にはありました。また、「100万円以上の利益を3カ月以上出せたら独立する」と決めていたため、実際にそれが実現したタイミングで7年勤めた会社を退職し、法人を立ち上げて独立しました。もう10年以上前の話ですが、僕が30歳になる直前のことです（現在はゴルフの事業はメインにはしていません）。

今もやる気をお膳立てしてもらっている

積極的に起業塾や講座（コンサルティング）に参加しはじめてから約2年半で起業

し、1年目から年収2000万円を達成することができました。

これは自分に合う「群れ」と出会えたからです。

また、**起業してからも、趣味のゴルフのコミュニティに参加するなどして、仕事とは関係ないところでも「群れ」のよい影響を享受しています。**現在、僕自身の事業として提供しているオンライン起業コミュニティでも、生徒さんからの刺激をたくさんもらい、やる気をお膳立てしてもらっています。

淡々と行動し続けた結果、今がある

「それにしても、塾や講座にちょっとお金を使いすぎじゃない？」
「そんなに急にうまくいくようになるもの？」
「塾や講座に参加したのはわかったけど、実際どんなふうにお膳立てしてもらったの？」
など、いろいろと疑問がわいたかもしれません。

たしかに、僕のお金の使い方はだいぶ潔かったと思います（笑）。

高額な講座へ躊躇なくお金を注ぎ込んできたのには、実は、聞くも涙語るも涙の事情があります。そのあたりは第4章で詳しくお話しします。

また、ゴルフ事業がうまくいきはじめてからは早かったですが、「副業をはじめよう」ともがきはじめたところも含めると、ざっくり3年半くらいはかかっています。ここで紹介していない試行錯誤もありますので、これも後ほどお話しします。

〝お膳立て〟の具体的な内容については、次のページからどんどんお伝えしていきます！

お膳立ての極意

まずは自分に問いかけるところからはじまる

「イベントやコミュニティへの参加に抵抗がある人は、無理をしなくていい」と、お伝えしました。無理にやる気を出そうとしても出ないことも、序章でお伝えしたとおりです。

無理して行動を起こす必要はありません。
タイミングは人それぞれでかまいません。

「そうはいっても、そんなことでは永遠に動けないのでは？」などと心配になるかもしれませんが、大丈夫です。

状況は常に変わります。今は行動を起こす理由もやる気もなくても、明日になれば事情が変わることもありえます。いずれにしろ、**「あ、今だな」「やりたいな」とあなたが感じたタイミングで動き出せばいいのです。**

「転勤」「引越し」「転職」「結婚」「出産」「離婚」「異動」「恋人との別れ」「周りの人にいわれた一言」など、人が行動を起こすタイミングやきっかけはいろいろあります。

そのタイミングがきたら、一歩踏み出してイベントやコミュニティに参加すればよいのです。

群れに飛び込んでみよう

行動しはじめて、なにかに取り組んでみたいと思ったら、数カ月単位の講座やコンサルティング、オンラインサロンなどのコミュニティに入ってみましょう。

とはいえ、なんらかの群れの一員になったからといって、いきなりやる気マックスで頑張らないといけないわけではありません。やる気が出なくて困っているあなたに、そんな無理はいいませんので、ご安心ください。

なんらかの**群れに参加したら、しばらくは「みるだけ」で大丈夫です。無理に発言する必要もありませんし、ほかの参加者と無理に交流する必要もありません。**ただひたすら「みるだけ」で

最初は「みるだけ」でOK！

OKです。

「みる」とは、別のいい方をすれば「観察」であり、「様子をうかがう」ことでもあります。**なにをみてほしいのかというと、群れの様子や主宰者の様子、ほかの参加者の様子や発言内容、振る舞い方などです。**

その群れではなにが「当たり前」で、なにが「非常識」なのか。どんな発言が喜ばれて、どんな発言が鬱陶《うっとう》しがられるのか。発言する際のテンションは、どのような感じが適切か。どういう人たちがいて、誰がキーパーソンで、誰の影響力が強いのか。成功している人はどんな人で、どんなことをして成功しているのか。どのように成り上がっていっているのか。

そういったことを、ただひたすらみていましょう。

みるだけに徹する理由

あなたの性格にもよりますが、**どんなに短くても1～3カ月くらいは、「みるだけ」**

に徹するのが無難です。

その理由は、**群れにうまく馴染《なじ》むためです。**

「忖度《そんたく》する」「空気を読む」行為はネガティブにとらえられがちですが、周囲の雰囲気に影響されやすい日本人にとって、空気を読むこと、すなわち「その群れにふさわしい振る舞いをする」ことは非常に重要です。そうでなければ、仲間として迎え入れてもらいにくいからです。

「郷に入っては郷に従え」ということわざもあるように、その群れの空気やルール、常識などを最初はしっかり観察し、理解してください。

ときどき、最初からやる気マックスで入ってきて、群れの空気を読まずに自爆してしまう人がいます。その群れのことを理解していないうちから強すぎる自己主張をくり出すと、周りは引いてしまいます。反発を受けたり、無視されたりして、群れが変な空気になります。当然、主宰者も喜びません。そういう人はそのうち気まずくなり、いづらくなって退会してしまうのが常です。

そのコミュニティで定められている規約や、ルールを守るのはもちろんのことですが、**群れの空気を乱さないことも実は同じくらい重要です。**

長いものに巻かれ、やる気をお膳立てしてもらうためには、まずはその群れに仲間として受け入れてもらうことが必須条件なのです。

そのためにも、まずは大人しく「みるだけ」に徹し、群れの空気を理解しながらなんとな〜く馴染むことからはじめましょう。

ちなみに、オンラインサロンでは「ROM専《ロム》」という、発言をせずにみるだけのメンバーを指す言葉が使われています（ROMとは「Read Only Member」の頭文字を取った略語です）。とくにオンラインサロンの場合は、「みるだけ」でもなにも不都合はありませんし、そういう人もたくさんいますので、安心してください。

巻き込まれてナンボ

慣れてきたら少しずつ自分を出していく

その群れの雰囲気や、メンバーたちのことをなんとなく理解できてきたら、ほんの少しだけ次のステップに進みましょう。

といっても、そんなに難しいことではありません。

3カ月くらいみるだけに徹していると、「そろそろなにかしたいなぁ」という気分になっているはずです。おそらくその時点で、その群れで「どんな発言が喜ばれるか」「どんな発言が自然か」は理解できているはずです。

そこで、みるだけだったところから、今度はときどき前向きな発言をしたり、誰かのコメントに好意的な反応をしたりしてみるのです。

あなたが発言すると、ほかの人からあなたのプロフィール写真やアカウント名がみえます。要は、「こんな人がいるんだ」と認識してもらえるわけです。

みるだけの状態では、あなたの存在をほかの人に知ってもらうことは難しいですが、**発言や反応するようになると、ほかの人があなたを「意識」するようになるのです。**

ただし、「この人、こんな人だったの……?」と周りが引いてしまうほど、極端に積極的になる必要はありません。ここでも、少しずつ馴染んでいくことが大事です。「気がついたら仲間として定着していた」くらいを目指し、焦らずいきましょう。

「上位2割」を体験してみる

決して自己主張が強いわけでもなく、かといってだんまりを決め込むわけでもなく、適度に発言や反応できる。それくらいになってきたら、またほんの少しだけ次のステップに進みましょう。

ここでもとくに無理をすることはありませんし、自分からなにかをはじめる必要はありません。やってほしいのは、そのコミュニティで臨時的に開催される、イベントなどに素直に巻き込まれてみることです。

たとえばオンラインサロンだと、ときどき「オフ会」なる、リアルでの食事会などが開催されることがあります。そういったものが開催されたり、誘われたりしたら、都合さえ許せば参加してみましょう。

「2－8の法則」（パレートの法則）で考えると、そのようなリアルのイベントに参加するのは、コミュニティの全会員のうち、だいたい2割程度です。

つまり、その**イベントに参加するだけで、いってみれば「上位2割」を体験できるのです**。普段はなかなか近づくことのできない主宰者や、中心メンバーたちとお近づきになれるチャンスが現実的になります。

上位のメンバーとは、また「みるだけ」からはじめる

とはいっても、はじめてそのような場に行くと、気まずくて仕方がないはずです（そうじゃなかったら、あなたはかなりのコミュニケーション猛者です。僕からすれば、うらやましい限りです……）。

でも、大丈夫です。**無理に主宰者や、中心メンバーたちと交流しなくてかまいません。**その群れに参加（入会）したときと同じく、とりあえずは「みるだけ」に徹して、その場の空気を観察し、理解しましょう。

いつもと違う場で、いつもの参加者たちがどんな顔をみせるのか。どんな会話がなされているのか。そういったことをじっくり観察してください。

「ほぉ、ああいうふうに近づけばいいのか……」など、少しでもなにか学べることがあれば理想ですが、その場にいるだけでもかまいません。無理して自分から話しかけ

る必要はありませんが、もし誰かから話しかけられたら、ぜひ会話してみましょう。

そして、また同じようなイベントが開催されたら、懲《こ》りずに同じように参加してみましょう。おそらく、1回目のときより緊張しないはずです。「あ、あの人、前のときもいたな」と気づいたり、1回目に会話した人と再会できたりすると、気持ちはずいぶん楽になるでしょう。

リアルのイベントに2回参加できたら、ぜひ3回目も行ってみてください。3回目は、最初からかなり気持ちが楽なはずです。もしかしたら、事前にメンバーの誰かと「○○のイベント、一緒に行こうよ」「△△、行きます？　自分もいるんで、ぜひ声をかけてください」などのやりとりを交わしているかもしれません。

意識して3回程度参加すれば、チャットツール上での普段のやりとりもあわせ、あなたはそのコミュニティのメンバーとして、かなり多くの人から認識されているはずです。ここまでこられれば、**あなたはもう立派な「群れの一員」です。**

簡単すぎる必殺技

「挨拶するだけ」で頭ひとつ抜けられる

ただし、イベントに3回参加してみるタイミングで、必ずやってほしいことがひとつだけあります。

それは、**イベントの最初に毎回必ず「主宰者の人たちに挨拶する」ことです。**

セミナーだったら主宰の人に加えてその日の登壇者、リアルのオフ会であれば主宰者に加えて幹事の人たちなどに対して、「●●（あなたの名前）です。今日はよろしくお願いします」と挨拶するのです。

そのコミュニティにおいて、一番有益な情報をもっている人は、間違いなく主宰者の方です。親しくなるに越したことはありません。

挨拶するだけで、それ以上なにかをすることも、無理に話を続ける必要もありません。ただ、挨拶するだけです。「あわよくば、親しくなってなにかアドバイスしてもらわないと」なんて考える必要はありません。

「それだけでいいの？」と思うかもしれませんが、これはあなたが思っている以上に効果的な方法です。1回目だとおそらく主宰の人たちは、あなたのことを認識すらしていない状態でしょう。しかし、2回目、3回目でも同じように最初に挨拶をすると、印象に残りやすくなります。

僕は今、主宰する側なのでそちらの気持ちがよくわかります。

「2－8の法則」（パレートの法則）で考えてみても、このように毎回挨拶してくれる人は、参加者のうち、せいぜい2割程度です。

そもそも、そのイベントに参加するのは、コミュニティの全メンバーのうちだいたい2割程度ですから、その中のさらに2割といえば、全体のほんの一部なわけです。そんなほんの一部の人が、3回のイベントで3回とも律儀《りちぎ》に挨拶にきてくれたら、かなりの確率で認識してもらえるようになるはずです。

しかも、「単純接触効果」(ザイアンス効果)といって、人は何度も接することで興味をもったり、好印象を抱いたりする性質があります。**3回挨拶されることで、主宰者があなたに抱くイメージは、よいものになるのです。**

たまに、直接会うのが2回目の段階で「お久しぶりです。前回も参加しました。私のこと、覚えていますか？」などと声をかけてくる人もいますが、これは逆効果です。

メンバーはたくさんいますから、1回会ったくらいでは、顔と名前はなかなか一致しません。「主宰者は自分のことを覚えていない」という気持ちで、最低3回はきっちり自己紹介と挨拶をしましょう。

このような工夫をするだけで、リアルイベントに3回参加しきった頃には、あなたは立派な「群れの一員」として、メンバーからも主宰者からも認識されているはずです。

とくに、主宰者から「●●（あなたの名前）さんね。いつもきてくれてありがとう」「●●さん、今日もよろしく」などと声をかけてもらえたり、チャットツールで反応してもらえたりするようになれば、「かなりいい感じ」になってきている証拠です。

この状態までくれば、その群れの居心地はかなりよくなり、気分もなんとなく上向いているのを感じられるはずです。そう、なんだかんだ、**ここまでのプロセスですでにあなたは、「環境」にやる気をお膳立てしてもらっているのです。**

おっと、あんまりやる気を上げてはいけませんよ。

下がったときのダメージが大きいですからね！　淡々といきましょう、淡々と。

郵便はがき

63円切手を
お貼り
ください

101-0003

東京都千代田区一ツ橋2-4-3
光文恒産ビル2F

(株)飛鳥新社　出版部　読者カード係行

フリガナ ご氏名	性別　男・女 年齢　　歳
フリガナ ご住所〒 TEL　（　　）	
お買い上げの書籍タイトル	
ご職業　1.会社員　2.公務員　3.学生　4.自営業　5.教員　6.自由業 7.主婦　8.その他（　　）	
お買い上げのショップ名　　所在地	

★ご記入いただいた個人情報は、弊社出版物の資料目的以外で使用すること
ありません。

このたびは飛鳥新社の本をお購入いただきありがとうございます。

今後の出版物の参考にさせていただきますので、以下の質問にお答え下さい。ご協力よろしくお願いいたします。

■この本を最初に何でお知りになりましたか

1.新聞広告（　　　　　　新聞）
2.webサイトやSNSを見て（サイト名　　　　　　　　　　　　　　）
3.新聞・雑誌の紹介記事を読んで（紙・誌名　　　　　　　　　　　）
4.TV・ラジオで　5.書店で実物を見て　6.知人にすすめられて
7.その他（　　　　　　　　　　　　　　　　　　　　　　　　　　）

■この本をお買い求めになった動機は何ですか

1.テーマに興味があったので　2.タイトルに惹かれて
3.装丁・帯に惹かれて　4.著者に惹かれて
5.広告・書評に惹かれて　6.その他（　　　　　　　　　　　　　　）

■本書へのご意見・ご感想をお聞かせ下さい

■いまあなたが興味を持たれているテーマや人物をお教え下さい

あなたのご意見・ご感想を新聞・雑誌広告や小社ホームページ・SNS上で
掲載してもよい　2.掲載しては困る　3.匿名ならよい

ホームページURL https://www.asukashinsha.co.jp

変な家 文庫版

[著] 雨穴

映画化オビ

オビを取ると

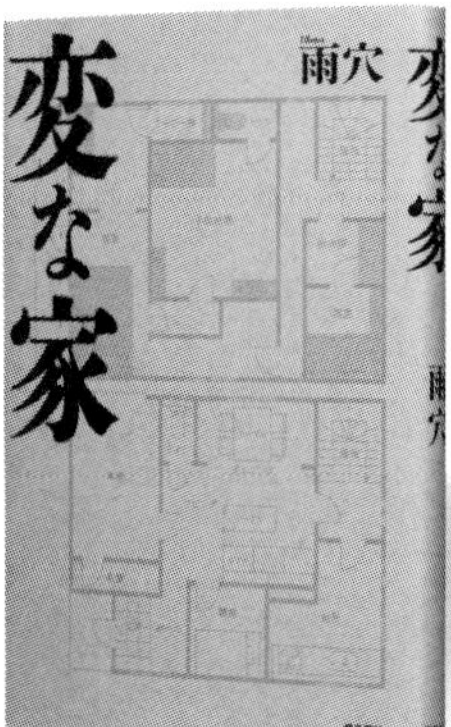

知人が購入を検討している都内の中古一軒家。開放的で明るい内装の、ごくありふれた物件に思えたが、その間取り図にはおかしな点がいくつもあった。いったい誰が何のためにこの家を建てたのか。その謎を追った先にあった恐ろしい事実とは…。設計士栗原による文庫版あとがきも収録。

社会現象を巻き起こす“間取り”ミステリー

シリーズ累計232万部突破!!

978-4-86410-993-2／770円

このプリン、いま食べるか？ガマンするか？ 一生役立つ時間の法則

柿内尚文・著

時間の使い方がうまくなれば人生は自然によくなる

978-4-86801-002-9／1,650円

『おやすみ、ロジャー』シリーズ累計135万部

＼たった10分で、寝かしつけ！／

テレビでも多数紹介！ 日本ギフト大賞も受賞！

おやすみ、ロジャー

世界的ベストセラー！プレゼントの定番です

橋美穂［監訳］
4-86410-444-9

おやすみ、ケニー

第3弾はトラクター！みんな大好き乗り物

三橋美穂［監訳］
978-4-86410-979-6

心理学的効果により読むだけでお子さまが眠ります

各1,426円
カール＝ヨハン・エリーン［著］

おやすみ、ロジャー 朗読CDブック

大人気声優の声でぐっすり！

奈々 中村悠一［朗読］
4-86410-515-6

おやすみ、エレン

第2弾はゾウさん かわいいイラストが人気

三橋美穂［監訳］
978-4-86410-555-2

だいじょうぶだよ、モリス

子どもの不安が消える絵本

中田敦彦［訳］
978-4-86410-666-5

長いものに巻かれる「本当の価値」

あなたの価値が爆上がりする方法

ここまでこられたあなたの気分はなんとなく上向いて、モチベーションもいい感じになっていることでしょう。しかし、群れのパワーの真骨頂《しんこっちょう》はここからです。

ここからは、より具体的な形で、群れのパワーを利用してあなたの行動をあと押ししてもらいます。

とはいっても、引き続き、無理をする必要はありません。**するべきことは、巻き込まれた状態で「群れの空気を読んで、求められることに応える」だけです。**

というのも、群れは人間同士のつながりで成り立っています。そして、群れには目的があり、メンバーはその目的のためにそこに集っています。

つまり、**その群れがより盛り上がり、共通の目的を達成できるようなお手伝いをすることで、あなたの価値はどんどん上がっていくのです。**

あなたの価値が爆上がりするとどうなるか。

群れの中で評価される人になると、メンバーはあなたのことを応援し、あと押ししてくれるようになります。とくに、すでに成功しているメンバーやその群れの主宰者から評価されるようになれば、それだけで成功したといっても過言ではありません。

具体的には、「ほかの人に教えてあげてくれない？」「今度のセミナーで、講師として登壇してみない？」「この業界で有名な人と今度食事に行くんだけど、一緒にくる？」「知り合いが□□できる人を探しているらしいんだけど、紹介していい？」などと誘われたり、声をかけられたりするようになります。

そのような**誘いや引き合いにひたすら応えていくと**どうなるでしょうか。**どんどん実績を積むことができ、それに比例してどんどん大きなチャンスがやってきます。**知り合いもどんどん増えるでしょう。ここまでくれば、ちょっとした「成功」は、決して夢ではありません。

僕自身も、たくさんの仲間やメンターと時間を共有し、交流し、学びを得て、ついには聴衆が500人規模のセミナーへの登壇の機会をもらったことで、一気に知名度が上がり、成果につながった経緯があります。

大事なのは「贔屓《ひいき》され上手」になること

このように成り上がっていくのを、僕は「**贔屓され上手**」と呼んでいます。

「贔屓？　なんだか嫌な響きだなぁ」と感じる人もいるかもしれませんが、**要は「引き上げてもらう」「応援してもらう」の意味であり、決して卑《いや》しいことでも恥ずかしいことでもありません。**

社会で成功している人の中には、ほかの誰も真似できない圧倒的な実績や能力でのし上がった人もいますが、そんな人はごく一部です。

僕を含めてノーマルな人間は、周囲との協調や協働、群れへの貢献とで、周囲の多くの人に応援してもらうことで、少しずつ成り上がっていくものです。

その過程で**いろいろな経験を積むことで、能力やスキルも少しずつアップし、結果的に「（なんとなく）うまくいった人」「（なんか）すごい人」になっていくのです。**

そのためには、まずは周囲の人に評価してもらえる存在になることが必要です。

それを実現する方法が、「群れの空気を読んで求められることに応える」ことなのです。

目立たなくていいから、ちょっとだけ貢献する

お客さんはいらない

「群れの空気を読んで求められることに応える」とは、具体的にどのようなことを指すのか。たとえば、次のようなことです。

- チャットツール上で、ほかの人のコメントになにかしらポジティブに反応する
- イベント時の設営や準備などを率先して手伝う
- 食事会、飲み会、懇親会などで幹事役を買って出る
- 先輩としてコミュニティに入りたての方に色々と教えてあげる

挙げたのはほんの一例ですが、どれもそんなに難しいことではありません。むしろ、普段みなさんが職場で心がけているようなことも、含まれているかもしれません。

つまり、その**コミュニティが円滑にまわり、群れとしての目的を達成できるようなサポートのこと**を指しているのです。

このような力を僕は「**サラリーマン力**」**と呼んでいます。**

「お金を払って参加しているコミュニティなのに、こっちが気を使わないといけないの？」と思う方もいらっしゃるかもしれません。

だからこそ、です。**お客様気分で参加している人が多いからこそ、主宰者や群れ全体のことに気を使える人は目立つし、評価されるのです。**

主宰者の立場や気持ちになって想像してみてください。

お客様気分でふんぞり返っているメンバーと、主宰者やコミュニティ全体のことを気にかけて、場を盛り上げたり気遣いをしてくれたりと貢献してくれるメンバーの、どちらを贔屓したくなると思いますか？

僕だったら、断然後者です。そして、僕自身が後者でいたからこそ、力のある人たちに引き立ててもらい、援護射撃してもらってここまでこられたのです。

それに、ぶっちゃけ、なにもせずにお客様気分でいると、なかなかその場に馴染むことも主宰者やメンバーたちと打ち解けることもできません。

空気を読んで、その場でできることをしていたほうが手持ち無沙汰にもならず、気が楽です。しかも、そうすることで周りの自分をみる目があたたかくなるので、居心地もよくなります。つまり、空気を読んで貢献しているほうが楽なのです。

相手の「めんどくさいこと」があなたを輝かせる

あらためて、先ほど挙げた貢献例について解説しておきます。

チャットツール上での投稿は、慣れていない人にとっては勇気のいることです。また投稿したものの、ほかの人から反応がないと誰でも不安になるものです。
そこでぜひ、できる範囲でかまいませんので、ほかの人の投稿にはスタンプやコメントなど、なんらかの反応をしてみましょう。それをきっかけに、ほかの人も反応すればやりとりは盛り上がり、場が活気づきます。

また、イベントの際にもできる限り、お手伝いをすると喜ばれます。
懇親会などでは、毎回とはいいませんが、できれば幹事役を引き受けられるといいですね。面倒くさい役どころだからこそ、周りのあなたをみる目が変わります。

ほかにも、幹事役を引き受けるか否かにかかわらず、**主宰者や中心メンバーたちと同じテーブルに陣取ることをぜひともおすすめします。**これは初期の頃から心がけてほしい習慣です。なぜかというと、先ほども紹介した単純接触効果を狙うためです。

無理して中心人物に話しかけたり、盛り上がるような話をしたりする必要はありません。黙っていてもいいので、近くの席に座り、話に耳を傾けて相槌《あいづち》を打っていれば十分です。

ただし、その際に大事なのは、そのテーブルのドリンクのおかわりなどには、常に目を光らせておくことです。空いたグラスがあればおかわりを確認し、代わりに店員さんに声をかけて注文するなど、役に立つことを意識してください。お会計の取りまとめなども率先して行うと喜ばれます。

特別なことをして目立たなくて大丈夫です。巻き込まれつつ、できる範囲で貢献してみましょう。

#「みられる」は最高の刺激薬

今度は自分が巻き込んでみる

このように、無理のない範囲で巻き込まれ、貢献し続けていると、群れの中での居心地のよさと、あなたへの評価は勝手にどんどん高まっていきます。ほかのメンバーや、あるいは中心メンバー、主宰者からありがたいお誘いをもらったり、影響力をおすそ分けしてもらったりして、あなたが活躍できる機会をもらえることもあるかもしれません。

ここまでこられたら、さらにもう一歩進んでみましょう。というより、この段階までくると自然に「なにかしたい」という気分になっているはずです。

次にやってみてほしいのは、ちょっとしたイベントや企画の立案と実行です。

といっても、そんなにおおげさなものでなくて大丈夫です。

たとえば、「■■に興味がある人で、集まって勉強会をしませんか？」「△△の人たちで交流会をしませんか？」「◇◇に備えて練習会をしませんか？」「朝活してみませんか？」などです。つまり、その**コミュニティ内で、ちょっとした小さな企画の「いい出しっぺ」になってみるのです。**

大事なのは、その群れの大きな目的に沿った、役に立つ内容にすることです。自分の承認欲求を満たすためではなく、あくまでほかのメンバーや主宰者の役に立てる、貢献できる内容を意識してください。

過去の企画内容を参考に考えるほか、これまであなたが「みるだけ」「巻き込まれるだけ」だったときに、「こんな企画があったらいいのにな」「これだったら参加したいな」と思っていた内容などを実行するのもよいでしょう。

なぜこのようなことをしてほしいのかというと、これまで「みる」側だった立場から「みられる」側にステップアップすると、ますますやる気をお膳立てしてもらえるからです。

「え？　みられる側は、みている人のやる気を刺激する立場なんじゃないの？」と思うかもしれません。いいえ、逆です。というのも、**ほかの人からポジティブで肯定的な注目を受けると、人は行動したくなるのです。**

人間は周りの目や世間体が気になる生き物です。人からどうみられているかを「社会的認知」といい、周りからよいふうに認知されると「期待に応えたい」と自然と感じるものなのです。第1章でも「人目がないとやる気は出にくい」とお話ししましたが、人にみられると行動はあと押しされるのです。

リーダーが一番やる気が出ちゃう不思議

コンサルタント、コーチ、団体やプロジェクトで上に立つリーダー的存在の人などがやる気に満ちあふれ、人を引っ張っていく勢いをもっているのも、このような心理的背景があるからです。**やる気があるから上に立つというよりは、上に立つからやる気がわいてくるのです。誰かに励まされるよりも、人を励ます立場になるほうが、よほど勝手にやる気はわいてくるのです。**

これまでは巻き込まれる側だったあなたも、今度は人を巻き込む立場になってみましょう。大規模なものや、斬新《ざんしん》な企画でなくても大丈夫です。とにかく一度、他人を巻き込み、励ます立場を経験してみることです。一度でも経験すれば「勝手にやる気がわいてくる」の意味は理解できます。

群れの中で小さな企画のリーダーになり、コミュニティを盛り上げ、メンバーたちを励ましていると、メンバーや主宰者から「ありがたい存在」だと思われます。感謝され、応援され、可愛がられ、次のチャンスにも恵まれるでしょう。

巻き込み、巻き込まれながら群れの中でやる気を循環させましょう。群れの一員でいる上で、「シェア・ギブ・ハッピー」はとても大事な要素だと僕は考えています。

群れに貢献することは、みんなが幸せになることなのです。

ついていけなくても問題なし

「できるかも」と思えるまで待つ

巻き込み&巻き込まれながら群れの中での居心地をよくし、自分への評価を高め、（いつのまにか）うまくいく人になる流れを説明してきましたが、少しだけ注意事項をお話ししておきます。

あなたがどのような群れに参加するかはわかりませんが、中には「すごい人ばかり」にみえるコミュニティや、「場違いだ」と震え上がるような環境もあるかもしれません。たいしてやる気のない状態で、そんなところに飛び込んだあかつきには、「ついていけない」「もうやめたい」と思うこともあるかもしれません。

しかし、あえていわせてください。

すぐにやめないでください。ひとまず、3カ月くらいは様子をみてください。

というのも、慣れない環境に飛び込むと、人はストレスを感じます。第1章でもお話ししたように、なにか新しいことや不慣れなことをはじめるとき、その人は「初心者」であり、「うまくやれる」という自信や見通しをもつことができず、落ち込むばかりです。

でも、しばらく群れの様子を観察し、うまくいっている人たちの中に混ざっているうちに、作法やうまくいくやり方がなんとなくみえてきて、「もしかしたらできるかも」と思えるようになるのです。そう、「勘違いやる気」です。

そのような状態になれば、おそるおそるでも次のステップに進むことができます。

入ってすぐに「ついていけないかも」と思ったとしても、なんとか、その居心地の悪さに耐《た》えましょう。すでに何度もお話ししたように、なにもしなくてかまいません。ただ、そこにいて、周りの人をみているだけでいいのです。そうすれば、そのうち勘違いやる気は発動します。そうなってから次の段階に進めばよいのです。

スタートラインもレベルもバラバラ

僕のコミュニティでも、生徒さん同士のスキルや経験値の差は大きいです。年齢も性別も経歴も違うのですから、むしろ違って当たり前なのです。

にもかかわらず、ほかの人がSNSに情報発信する際の画像のデザインやつくり方がものすごく上手だったりすると、自分と比べてしまって落ち込んだり、「ついていけない」と嘆《なげ》いたりする人もいます。

しかし、**スタート地点は人によってバラバラなのですから、ほかの人と比べることに意味はありません。どうせ比べるなら、「いつかはあんなふうになりたいな」と、**

よい刺激をもらえばよいのです。

スーパーでレジのパートをしていた50代の女性は、僕のコミュニティに参加しましたが、パソコンやスマホを使うのが大の苦手でした。作業会に参加したものの、右も左もわからずに大人しくしているだけで、僕は内心「大丈夫かな」と心配していました。

ところが、周りの人が「こうやるんですよ」「教えますよ」と声をかけ、フォローし、いつのまにかすっかりその場に馴染んでいたのです。今では、以前とは見違えるように生き生きとSNSでの情報発信に励んでいます。このまま続けられれば、成功する日は遠くないでしょう。

目標達成やビジネスはマラソンのようなもので、正しい方向へ諦めずに努力し続けた人が勝つ、脱落回避ゲームです。僕の生徒さんでも、同じく50代の女性がコツコツと6年かけて、コンサルティングの事業で年商2000万円の状態にたどり着きました。**「できるからやる」のではなく、「やるからできるようになる」のです。**

「ついていけない」「場違いだ」なんていわず、長期目線でポツポツとやり続ければいいのです。

もちろん、継続にはそれなりの燃料が必要ですから、だからこそ、あなたの勘違いやる気をお膳立てしてくれる環境に身を置くべきなのです。

コツコツ続けると
上手くいく
よい環境にいると、
周囲がフォローしてくれる

よい環境と継続でいつのまにか成功する！

バカにされたらチャンス到来

一歩進むごとに、ドリームキラーは現れる

稀に、嫌なことをいってくる人もいます。あなたに合う群れかどうかをチェックして入会しているとは思いますが、どのような群れにも感じのよくない人が少しは混ざっているものです。

そういう人とは距離をとり、かかわらないようにしましょう。懇親会などでも、**感じの悪い人や、愚痴や悪口ばかりのネガティブな人のいるテーブルは避けましょう。**

そのような人たちは、似たもの同士で群れがちなのですぐにわかります。その人たち

のテーブルは避け、うまくいっている人や主宰者の近くに行きましょう。

ただ、そういう人になにかいわれたとき、「なに、あの人？　あんな人に負けたくない」と思えたら、ある意味、大成功です。

なぜなら、**負けん気がわくのは、あなたのやる気に火がつきかけている証拠だからです。**

僕もこれまで、いろいろと悔しい思いをしてきました。

副業を頑張りたいともがいていたとき、中学校時代の同級生から「そんなことを頑張っていないで、本業を頑張れば？」といわれ、へこんだこともあります。本業は、1年ごとに3000円しかお給料が上がらないことがわかっていたからこそ、副業を頑張っていたのに、事情をよく知らない人にそのようにいわれるのは、とても心外で悔しかったものです。

また、「セミナー講師をやってみたい」といったら、同じ講座を受けていた仲間から「無理だと思うよ。だって三浦さんって口下手だし、カリスマ性もないし」といわれたこともあります。

そのようなことをいわれるたびに、へこんだり傷ついたりしつつも、僕はなんとか諦めずに少しずつ歩んできました。「悔しい」「そんなことをいう人たちに負けたくない」と思えたからこそ、頑張れたところもあります。

そう考えると、人にバカにされることはそんなに悪いものではありません。

あなたが行動しはじめると、行く先々で仲間や先輩の皮をかぶったドリームキラーと出会うことがあるはずです。しかし、**その人たちは邪魔をしてくるだけで、あなたの人生に責任を負ってくれるわけではありません。**「これが名高い『ドリームキラー』か」と思って、「頑張るための燃料をありがとう」と心の中でお礼をいいましょう。

そういう人がいればいるほど、あなたの内なるモチベーションは刺激され、行動を加速するブースターになってくれます。

行動の燃料は競争心

また、ドリームキラー以外にも、なんらかの群れに属していると「あの人みたいになりたい」「この人に負けたくないな」「この人たちに追い越されたくない」と感じることは少しずつ増えてくるはずです。

これも、あなたが行動し続けるための良質な燃料になってくれる感情です。**成功は競争ではないので、過剰に「負けたくない」「勝ちたい」と思う必要はありませんが、健全な範囲で負けん気を発揮するのは、むしろよい結果になりやすいです。**

ぜひ、上の人に憧れ、仲間たちと切磋琢磨《せっさたくま》し、後輩たちからは突き上げてもらい、どんどんやる気のお膳立てをしてもらいましょう。

とはいえ、あんまりやる気を上げすぎてはいけませんよ。下がったときのダメージが大きいですからね！

ゆるく「はじめ」て、ゆるく「続ける」ことが肝心です。
大事なのは、やる気を出すことより「続ける」ことです。

次の章では、やる気に頼らずに「はじめる」ための方法や、きっかけづくりについてお伝えします。

第4章

やる気ゼロでも自然と動き出せる「はじめ方」

～頑張らないで「とりあえず」やってみる～

現状維持は、後退かつ衰退

なぜあなたが社会から置いていかれるのか

「今のままでも一応、困ってはいないんだよな」
「頑張るくらいなら、とりあえず現状維持でいいや」

そんなふうに思っていらっしゃる方もいるかもしれません。
しかし、実は、**変化のスピードが速い現代において、現状維持は実質的には「後退」です。前進どころか後ろに戻っているのです。**

なぜでしょうか。それは、周りがものすごいスピードで変化（前進）しているからです。情報化社会ではなかった時代は、変化のスピードが遅く、とりあえず現状維持をしていても、周りに合わせて歩みの速度を調整することは、難しくありませんでした。しかし、今はぼーっとしていたらあっというまに時代や社会に置いていかれます。

お金の面でも同様です。今は何年勤めてもお給料は上がりにくいです。それどころか、クビになったり、会社自体がなくなったりしてしまうことも珍しくありません。

また、少子高齢社会を迎え、社会保険料の負担は昔に比べて大幅に増えています。お給料の額面から何万円も引かれ、手取りが「たったこれだけ？」とがっかりした気持ちになっている人は少なくないでしょう。**お給料の額は一緒でも、実質的な手取りは昔と比べて大きく減っているのです。**にもかかわらず、最近はとくに物価高で、いろいろなものの費用や値段が高騰《こうとう》しています。

つまり、**お金の面でも手を打たなければ、前進どころか後退してしまうわけです。**

前進する人と後退する人の違い

前進する人は人脈を広げたり、スキルアップしている

後退する人は現状維持のみ。気づいたら、手遅れに……

怖いのは、とくに日本では現状維持をしていても、なんとなく生きていけてしまうことです。気づいたときには、どうにも取り返しのつかない状態になっていたなんてことはぜひとも避けたいものです。

このような**現代社会において大事なのは、意識的に成長や前進をすることです。**人脈を広げたりスキルアップしたりするのもいいですし、社内でさらに出世する方法を考えることでもいいでしょう。副業でもいいですし、起業することを考えてもいいでしょう。**少なくとも、「このままでいい」と油断をしないことです。**

情報発信は手軽なレベルアップ法

インプットは簡単な前進術

やりたいことや目標もとくにない、やる気ゼロ状態の人でも現状維持を脱し、少しでも前進していく簡単な方法があります。
それは「インプット」することです。

本でもメルマガでも、セミナーでもYouTubeでもなんでもよいのですが、今はスマホを使えば簡単にたくさんの情報を得られます。

現状維持に慣れきっていると、価値観は固定しがちです。周りの人も自分と似たようなレベルや、考えの人が集まりやすいため、価値観をアップデートする機会はなかなかありません。

SNSやニュースアプリを使えば、簡単にたくさんの情報に接することができます。世界中で活躍する面白い人たちや、時代の最前線にいる人たちの情報にすぐにたどり着けるのです。

アウトプットは最高の自己鍛錬

そのように得た情報は、自分なりに咀嚼《そしゃく》して身につけていくことが大事です。

そのためには、**ただインプットするだけでなく、「アウトプット」する習慣を身につけるのが一番です。**

Yahoo! の共同創業者であるジェリー・ヤン氏は、「情報発信手段をもつ人ともたない人との力の差は広がる」と話しています。

また、堀江貴文氏も2016年に近畿大学でのスピーチで、「自分でできるだけ多くの情報に接し、自分の頭で考え、インターネットを通じて発信し続けていくことが重要」という話をしています。

やってみるとよくわかるのですが、アウトプットはインプット以上に、複雑な思考が必要です。なぜなら、理解できていなければ、適切なアウトプットはできないからです。逆にいえば、アウトプットができるのは、インプットした内容を自分のものにできているからです。

だからこそ、多くの成功者が「アウトプット」を推奨しているわけですが、そのツールとしてインターネットやSNS、ブログは非常に便利です。日記やノートでのアウトプットも、しないよりしたほうがいいですが、**自分以外の人に向けて発信することで、より多くのメリットを享受できます。**

たとえば、「誰かがみてくれている」「待ってくれている」と思うことで行動のスイッチが入りやすくなります。誰かがみるからこそ、アウトプットの質にもこだわるようになります。そして、他者からのコメントや反応によって新たな視点を得られたり、自分の方向性を軌道修正できたりもします。

インターネットでの情報発信を続けていくと、新しい出会いも増えます。新しい価値観、新しい情報、新しい人脈、新しいチャンスなど、時間や場所の壁を超えてさまざまな出会いを得られます。自己ブランディングツールとしてもSNSは優秀ですから、**続けるうちに自分の立ち位置が明確になってきたり、進みたい方向性をみつけられたりすることもあるでしょう。つまり、新しい自分とも出会えるのです。**

SNSは自己成長記録

また、SNSへの投稿は基本的に時系列で表示されるため、自分の投稿を振り返ることで、過去と現在の自分を比較できます。

「あの頃はこう考えていたけど、今は変わったよなぁ」「あのときはこんなことに悩んでいたけど、今はずいぶん成長した気がする」など、**SNSは自分の変化や成長を確認するのに最適なツールであり、人生の成長記録なのです。**

さらに、普段はなかなか会えない遠方の友人や、知人の状況を把握できるなど、人脈のメンテナンスにも活用できるのはいうまでもありません。

このように、インプットのみならずアウトプット（情報発信）することは、ここで語り尽くせないほどのメリットがあります。

とくにやりたいことがない人ほど、無理のない範囲で、ぜひ情報発信を試してみてください。インターネットを通じた他者とのかかわりの中で、自然とレベルアップしていけますよ。

とりあえず「嫌々」はじめる

「やってみたら意外と楽しかった」の謎

なにはともあれ、はじめないことには続けることもできません。

というわけで、なにかやりたいことや挑戦してみたいことがみつかったら、ぜひ動きはじめてほしいのですが、僕のようなやる気のないタイプは、それを「おっくう」に感じてしまって、なかなか動きはじめられないのが困ったところです。

動きはじめてからも「今日は〇〇をしなきゃいけないけど、面倒くさいな」「△△の作業、やりたくないなぁ」などと、すぐにやる気のない自分が出てきてしまいます。

しかし、重い腰を上げて動きはじめてみたら、「意外とできたな」という体験をしたことがあるのは、僕だけではないはずです。「ちょっとだけ」と読みはじめた本に夢中になって延々と読み続けたり、「少しだけ綺麗にしよう」と思って部分的に掃除をはじめたのに、いつのまにか部屋中をピカピカにしてしまったり。

「つまんないな」「面倒だな」と思いながらはじめた作業に、いつのまにか夢中になっていたという経験、みなさんにもありませんか？

この不思議な現象は「**作業興奮**」といわれる脳の仕組みによるものです。**一度作業をはじめると、わいてくる集中力や意欲のことです。**人は、なにか作業を開始すると、指先や視覚から刺激を受けます。すると、脳の「側坐核《そくざかく》」と呼ばれる部分が反応し、神経伝達物質の「アセチルコリン」がたくさん分泌されます。

この物質にはやる気を引き出し、集中力をアップさせる効果があります。作業をはじめてから5～10分ほどで起こる、この「作業興奮」の仕組みがあるからこそ、人はなにかに集中できたり夢中になれたりするのです。

さらに、ある程度作業が進んだり完了したりすると、「できた！」と達成感を覚えた脳が、神経伝達物質「ドーパミン」を分泌します。この物質は脳を興奮させる働きがあり、さらにやる気がわいてくるという、よいサイクルが生まれるのです。

嫌々でも手をつけたら勝ち

つまり、**あれこれ考えずに手をつけてしまえば「勝ち」なのです。**「嫌だな」「面倒くさいなぁ」という気持ちがあってもかまいません。やってみたら、それなりに楽しくなりますから大丈夫です。

残念ながら、世の中は楽しいことや、快適なことばかりではありません。目的を達成するには、面倒くさいこと、やりたいと思えないことも必ずあります。

「こんな気持ちになるのは、本当はやりたくないってことなのかな？」などと考える必要はありません。何度もいいますが、人ははじめてのことや不慣れなことに対してはやる気が出ません。やる気に頼っていたら、いつまで経っても動けないのです。であれば、嫌々でもいいのでゆるくはじめちゃいましょう。やりはじめれば、作業興奮が起こって嫌な気持ちは和らぎます。

そして、その作業や行動に慣れてくると、やり方や攻略の方法がみえてくるので「できるかも」と勘違いやる気が発動し、続けられるようになるのです。

ちなみに、人一倍やる気がなくておっくうな僕ですが、これまでも「できない」「やりたくない」と思っていたことが、やってみたら意外と続いた経験はいくつもあります。

例を挙げると、過去にオーストラリアに留学した際、初日から「今すぐ帰りたい。もう嫌だ」という状態になってしまいました。虫がたくさんいたことや、食事が口に合わなかったことが原因でした。

しかし、「もう少しだけ」と頑張っているうちに、だんだん平気になり、最終的には「日本に帰りたくない」と思うほどでした。なぜかというと、**人は慣れてくると「本来の自分」を出せるようになるのです。**慣れない場所や環境では、少しでもうまくいかないことがあると心が折れそうになるものですが、少しだけ踏ん張ってみれば、いつもの余裕のある自分に戻れるのです。

また、子どもをもつことについても、「僕なんかが親になれるのだろうか」と、かなりネガティブな気持ちでいましたが、生まれてみればなんだかんだ、子育てできています。家族との旅行をVlog（Video Blog）で発信することも、「恥ずかしくて嫌だなぁ」と思っていましたが、やってみると意外と楽しく、家族も喜んでくれて、「やってよかった。これからも続けよう」と思うようになりました。

やってみて、しばらく続けてみても嫌だったら、その時点でやめればいいのです。しかし、ほとんどのことは「結構楽しいじゃん」となるので、つまるところ、**人間は食わず嫌いをしがちな生き物**だということです。

「ちょっとやってみる」は、とても大切なのです。

怖さの真実

「失敗」のその先をみつめる

「やりたくない」と思ってしまう気持ちの背景には、「怖い」という気持ちがあることも多いです。**怖くなるのは、自信がないからです。「うまくいくかわからない」「失敗したらどうしよう」といった気持ちが恐れを生み出すのです。**

このような気持ちは、人間として自然な心の働きです。とはいえ、不安が強すぎると行動できなくなってしまいますよね。そこで、ひとまず、「失敗して当然だよな」と考えてみましょう。ここで**ポイントなのは、「失敗した場合に自分がどうなるか、**

どうするか」まで考えておくことです。

僕も、会社員をやめて起業することを検討したとき、「会社をやめてしまって、もしうまくいかなくなったらどうしよう」と強い不安に駆《か》られました。家族も僕に会社員のままでいてほしがっていたため、なおさらでした。

そこで、「もし大失敗して一文なしになったらどうするか」を考えてみました。思いついたのは、生活保護でした。生活保護の申請の仕方や、受給の内容などを実際に調べてみたところ、「飢え死にすることはない」と理解できて、スッと気持ちが楽になりました。

しかも、世界的ベストセラー『ハリー・ポッター』の著者のJ・K・ローリング氏も、シングルマザー時代に生活保護を受けながらあの作品を書いていたと知り、「最悪、国のお世話になったとしても、そこからまた頑張ろう」と思えるようになったのです。おかげで、思い切って会社をやめ、挑戦してみようと腹をくくることができました。

このような気持ちになれたのは、「早く成功しなくては」「失敗してはいけない」から、「気長にやろう」「失敗してもいい」へと、意識を切り替えられたからです。

平たくいうと、プレッシャーが軽減されたわけです。つまり、序章でもお話しした「心理的リアクタンス」にうまく対処できたのです。

聞くだけならタダ

「失敗してもいいや」と腹をくくれると、思い切った行動をとれるようになります。


僕がゴルフの事業をはじめて間もない頃、ネットショップで売る商品を仕入れるお金がなかったため、無在庫でやれないかを検討したことがありました。

「うちのネットショップに、注文が入った段階で仕入れさせてくれないか」と仕入れ先候補のメーカーに相談しようと思いましたが、「しがない副業サラリーマンに、そんなことを認めてくれるメーカーなんてあるわけがないよな」とも思っていました。

しかし、「ダメに決まっているけど、一応聞いてみよう」と、あるお店にダメ元で相談したところ、なんと「いいですよ」との返事が。まさか、OKしてもらえるとは思っていなかったので驚きました。

また、ゴルフの練習グッズをオリジナルで製作しようと考えたこともありました。ホームセンターで材料を買って自作してみたところ、とても売れるような代物にならなくて困っていたのですが、とおりがかった工場にダメ元で「つくってもらえませんか」と相談したところ、「いいですよ」と試作品をつくってもらえることになりました。

結果的に商品化はしませんでしたが、取り合ってもらえたことに正直驚きました。**世の中、ダメ元でも行動してみれば意外とうまくいくと、実体験から確信しています。**

あなたの気持ちは、あなたの言葉でつくられる

行動することに怖さを感じたとき、「でも、なんとか頑張らなきゃ」と自分にプレッシャーをかけるのではなく、「失敗して当然だよな」と、自分の不安や恐怖心を受け

入れましょう。その上で、「失敗しても大丈夫。気長にやろう」と、開き直る潔さを身につけられれば、行動のハードルは限りなく低くなります。

なお、このような心理的な安心感は、個人のパフォーマンスのほか、チームとしてのパフォーマンスにも影響することがわかっています。

2015年にGoogle社が「心理的安全性が高いチームは生産性が高い」との社内調査の結果を発表しており、「チームの誰もが非難される不安を感じることなく、自分の考えや気持ちを素直に発言できる状態」であれば、チーム全体のパフォーマンスが上がると説明しています。

つまり、**「失敗しても大丈夫」と思えるような「長いもの」に巻かれることも大事なのです。**

なんとなくうまくいくようになりたければ、身を置く環境も、そして自分自身にかける言葉も「安心感」を意識してみましょう。

あなたの「やる理由」はなんですか？

「やる理由」があれば、諦めることができなくなる

「続かない」「挫折してしまう」、あるいはそもそも「はじめられない」人は、「やる理由」が明確でないことが多いです。

「やる理由」とは、なぜそれをやらないといけないのか。なんのためにやるのか。なにが目的なのか。そのような根っこの動機のことをいいます。

ただなんとなく、「やせたらモテるかも」と思ってダイエットをはじめる人はなかなか続きません。しかし、「好きな人が『スリムな人が好み』といっていた」「お医者

さんに『このままだと病気になりますよ』といわれた」など、**欲望のためだったり、生きるための最低限のことであれば、行動を継続しやすくなります。**

僕も、そのような欲望のままに、なんとか行動し続けられてきた過去があります。僕の場合、一番のきっかけは彼女に振られたことでした。

そもそも副業をはじめようと思ったのは、会社員時代の給料が少なく、将来に不安を感じたことだとお話ししましたね。

最初は本やインターネットで情報を集めていました。そこで『金持ち父さん、貧乏父さん』（ロバート・キヨサキ／筑摩書房）を知り、紹介されていた不労所得や不動産投資といったものに興味をもったのです。

ところが、当時付き合っていた彼女にもその本をすすめたり、不動産投資の話をしたりしたところ、「そんな危ないことをしようとしている人とは、これ以上付き合えない」といわれ、振られてしまったのです。当時の僕は、本の影響から「持ち家を買うことを避けたい」といっていたことも理由だったようです。
彼女とは結婚するつもりで付き合っていましたし、その彼女との将来のために副業をして少しでもお金を稼ぎたいと思っていたので、彼女に振られてしまった僕は盛大に落ち込みました。

しかし、「このままで終わりたくない」と思った僕は、彼女に振られたことをきっかけに、「絶対に副業で成功するぞ」と決意を新たにしたのです。

彼女を見返したかったわけではありません。彼女のいうことは、もっともだったからです。成功の保証のない投資に夢中になりかけている、薄給のサラリーマンと結婚したい女性はそうそういないでしょう。だからこそ、「次に付き合う女性には、お金や将来のことで絶対に心配をかけたくない」との思いが僕の強い原動力になりました。

振られたショックと「このままで終わりたくない」という気持ちがあいまって、僕の強力な「やる理由」が生まれたのです。

その人なりの明確な「やる理由」があれば、マイナス状態までやる気が落ち込んでも、足が止まりそうになっても、また再び歩きはじめることができます。

というより、「**諦めることができない」状態になるのです。**僕も何度も「しんどい」「本当にうまくいくのか」とへこたれそうになりましたが、「今諦めたらずっとこの状態から抜け出せない。そんなの嫌だ」と思い直し、歩き続けることができました。

僕なりの、絶対に諦められない「やる理由」があったのです。

ちなみに、僕が起業塾や講座に躊躇なく、大金を投じてきたことは第3章でお話ししましたね。

このお金は、実は（振られた）彼女との未来のために貯めていた結婚費用でした。僕は愛知県出身で、愛知県民は結婚式に多大なお金をかけるのです。そのために、コツコツと僕が貯め続けていたお金も400万〜500万円はあったかと思いますが、強固な「やる理由」に突き動かされ、ほぼ全額を投じたのでした。

それくらい、僕は本気だったのです（学びに大金を投資することを、必ずしもすすめているわけではありませんよ！）。

成功者の「やる理由」

僕の生徒さんも、最終的に成功していく人たちには、必ずその人なりの「やる理由」があります。

「はじめに」で紹介した、会社員から半年で年収2000万円の経営コンサルタントになった40代男性も、小金を稼ごうとして投資詐欺にあい、家族の全財産であった貯金850万円を失い、崖っぷち状態に陥ったことが理由でした。

別の50代女性も、パートナーがうつ病になったことをきっかけに働きに出ようとしたものの、年齢のせいでどこにも雇ってもらえず、自分でオンラインビジネスをはじめることにしたのが理由でした（現在は年商2000万円の女性社長として活躍しています）。

「なんとなく」では行動は続きません。ここで例に挙げた人たちのように、極端な理由が絶対に必要というわけではありませんが、続けるには自分なりの「やる理由」が必要なのです。

やる気の階段を登る

なお、**「やる理由」は、行動しているうちに強化されていく**こともあります。

僕も、最初の最初に不動産投資に興味をもったのは、ネットでの情報収集がきっかけで、そこから、書籍→メルマガ→セミナー→ＤＶＤのように、徐々にやる気も行動も階段を登っていきました。

結局は「不動産投資はやめておこう」との結論に落ち着いて、別の方向へ進みましたが、どの挑戦でも少しずつやる気の階段を登って行ったことはたしかです。

味方は「ネガティブな感情」

モヤモヤした気持ちも、あなたを助けてくれる

人からいわれたネガティブな言葉が、「やる理由」のきっかけになることも多いです。

僕も知り合いや中学校時代の同級生、仲間などからバカにされたことが、何度もあるとお話ししてきましたが、正直、彼らの言葉が原動力の一部になっています。**ネガティブな気持ちを逆手にとれば、行動の燃料としておおいに役立ってくれるのです。**

「人からいわれて悔しかったこととか、別にないんだけど……」という方も、なにか

モヤモヤする気持があるからこそ、本書を読んでくれているのだと思います。

その場合は、「このモヤモヤから抜け出したい」「モヤモヤした人生は嫌だ」などを「やる理由」にするのもアリです。**モヤモヤする時点で、「やる気や向上心の種」はあなたの中にありますから、動きはじめてしまえば、周りの人たちとのかかわりの中で刺激を受け、「やる理由」が少しずつ強化されてくるはずです。**

また、第3章で「とくにやりたいことがない人」向けにお話しした内容を参考に、SNSやYouTubeをみて「こういう生活をしたい」「この人みたいになりたい」といった思いが「やる理由」になることもあります。

自分の首を自分でしめてみよう

動き出すには理由が弱すぎると感じている人には、とっておきの策があります。

序章で登場した「プロスペクト理論」を覚えているでしょうか？　なにかを得るよ

将来について超具体的に想像すると、お金が足りないかも……

りも、なにかを失うときのほうが精神的影響は大きく、損失を回避したがる人間心理のお話でした。この心理をうまく応用して**自分の危機感をあおり、「やる理由」をつくるのです。**

まず、将来について、お金のことを含めて超具体的に想像してみてください。

既婚者の方は家族の生活費、子どもの教育費（いる方、またはほしい方）、住居費、老後にかかるお金、年金はいくらもらえるか、貯金はどれくらい貯められそうか、親の介護など。

未婚の方は、何歳頃に結婚したいか

（または結婚しないか）、結婚式や披露宴をしたい方はその費用、子どもはほしいか（ほしい場合は何人か）、パートナーと2人だけでよいのかなどを考えてみるとよいでしょう。

そういったことを考えると、現代の日本の経済状況はあまり芳《かんば》しくありませんから、期待より不安の気持ちのほうが膨らみます。

「本当に自分は結婚できるのか？　できないとしたら、ずっと1人暮らし？　ということは、なにかあったときのためにいくら貯めておけばいいの？」

「結婚してすぐに妊娠しなかったら、不妊治療？　いったいお金はいくらかかるの？　ていうか、その期間はどのぐらい？」

「子どもの教育には手を抜きたくない。だとしたら、え……早期受験コース？　じゃあ、早くから塾通い？　学校も私立？　いったいいくらお金がかかるわけ？」

「親を介護しなきゃいけなくなったら、誰が面倒をみるの？　そうなったら仕事もできなくなる？　え……お金、どうしよう」

「老後に必要なお金は、ひとりあたり2000万円って聞いたけど……60歳くらいまでに本当に貯まるんだっけ？」

どうでしょうか。ちょっと、ゾッとしてきた人が多いのではないでしょうか？

「将来、今のように暮らせないかも」「今よりひどい生活が待っているかも」と、損失を回避したい心理になってきたはずです。

もちろん、将来どのような状況になるかは、今の段階ではわからないことばかりです。過度に心配しすぎるのも、精神的にあまりよくありません。

しかし、全くやりたいことがなく、憧れるライフスタイルもなく、負けん気もわかない、「やる理由ゼロ」の人の場合は、この「危機感作戦」で行動を起こせることもあります。

将来を不安視しすぎるのもよくありませんが、現実感も危機感もやる気もマイナス状態の方には、かなり効果的な方法です。ぜひ、お試しください。

弱気はお宝

ギャップは最高のスパイス

ここまで読み進めた方でも、「気が弱くて自信もない」「内気で、なにかをはじめるなんてとても……」と考えている人もいらっしゃるかもしれません。

大丈夫です。そういう人こそ、大きく成功できることを僕は知っています。

なぜなら、**気が引ける分、憧れや「好き」「やりたい」の気持ちが強くなるからです。**

手の届かないものほど人は惹《ひ》かれるものですが、その気持ちをモチベーションにできる人は、非常に強いです。

しかも、そういう人ほど不安な気持ちを乗り越えたり、ちょっとした成功体験を積んだりすると、大きな自信や達成感を感じられます。それを再び行動の燃料にすることで、結果的に大きな成功にたどり着きやすいのです。

まさにその典型例を紹介しましょう。

ある生徒さんは男性で、容姿に強いコンプレックスをもっていました。それを克服したいとファッションや髪型を研究し、男前と呼べるレベルに自分をもっていくことができた人でした。

その人がなにかビジネスをしたいということで、一緒に考えた結果、自分に自信がない男性が男前になるために指導することを思いつきました。まずは外見を整えるところから入り、次は話し方や振る舞い方といった内面の部分を整え、モテる男になるプログラムを考えたのです。

この「男前プログラム」は、想像以上にうまくいっています。お客さんになってくれる人に医師や弁護士、国家公務員などのアッパー層が意外に多かったからです。社会的地位の高い男性に対しては周りが気を使うため、欠点を指摘されることもなく、どうやって自分を変えたらいいのかわからない人が多いようです。同性の目線でアドバイスをもらえるのも、大変好評だということです。

この男性、元は自分に全く自信のない人でしたが、今では男前になる方法を人に指導する立場となり、非常にパワフルに活躍していらっしゃいます。コンプレックスと自信のなさを武器にして、大成功している典型的な例といえます。

弱気は、将来のお宝なのです。

弱いからこそ、支持される

かくいう僕も、過去にセミナー講師をやってみたいと仲間に話した際、口下手だから無理だといわれたことがあるとお話ししましたね。

そこまでけちょんけちょんにいわれても諦めず、おかげさまで講師としても活動している僕ですが、これも弱気をお宝にできたからです。

なぜなら、「口下手で、人前で話すのが苦手な自信のないタイプ」の僕が講師をするからこそ、「三浦さんも昔は口下手だったんだ」「人前で話したことがなくても、頑張れば講師になれるんだ」と、受講者に希望をもってもらえるからです。

もし僕が生まれつき話し上手で、なんの苦労もせずに講師になれていたら、「三浦さんだから講師になれたんでしょ。自分にはどうせ無理」と思われても仕方がありません。口下手で自信がない人の気持ちを、僕は自分のことのように理解できますし、そんな人にも「諦める必要はないよ」と、説得力をもって伝えられるのです。

コンプレックスがあっても、自信がなくても、弱気でも、大丈夫です。
その気持ちは原動力にも武器にもなります。
弱いからこそ、強い人にはできないことが僕たちにはできます。

強い人みたいにガツガツいく必要はありません。弱いからこそそのモチベーションをきっかけに、歩きはじめましょう。

あなたの中にいる、2人の自分

不可能を可能にする仕組み

失敗は誰しも怖いものです。だから、多くの人ははじめる前に「うまくいく理由」を探そうとします。その根拠をもとに行動を起こそうとするわけです。

しかし、**うまくいく確証のあることなど、そうそうありません。**絶対にうまくいくことがわかっているビジネスや副業には、おそらく全国民が群がることでしょう。

「でも、うまくいくと思えないことにチャレンジしようなんて、思えるわけがないじゃないか」という声もありそうです。

そう思う気持ちもわかりますが、人間には、不可能と思われていたことを何度も実現してきた歴史があります。

かつてゴルフでは300ヤード（約274メートル）を飛ばすことは、めったにできることではないといわれていました。しかしタイガー・ウッズの登場でその常識は塗り替えられ、今では300ヤードを記録するゴルファーはいくらでもいます。

電球が発明される前は、そんなものができるなんて誰も思っていなかったでしょう。人間が月に行ける日がくるなんて想像すらしていなかった時代もたしかに存在していましたし、まさか火星に移住しようとする人がいるとも思わなかったはずです。

「うまくいきそうもない」「できるわけがない」と多くの人が思っていることにチャレンジし、現実のものにしてしまう人がいるのはなぜか。

それは、**人間には「クリエイティブ・インテンション」の性質があるからです。**これは僕の造語で、「意図したものを創造する」という意味です。**人には、実現したいなにかのために、実現する方法をなにがなんでもみつけ出す力が備わっています。**

実際、脳には、必要な情報のみを意識する「網様体賦活系《もうようたいふかつけい》」と呼ばれるフィルター機能が備わっています。

人間の脳は情報を五感から取り込んでいますが、全情報を意識することは大きな負担がかかりますし、生きていく上で非効率です。そこで、無意識のうちに「網様体賦活系」の機能によって、意図したものや必要なものだけを意識下に取り込むのです。

つまり、「できるかも」「やりたい」と思えば脳は、「できるようになるための方法」を探し、そのための情報を意識下に取り込みます。

逆に、「できない」「無理」と思えば、「できない理由」「不可能な証拠」ばかりを取り入れ、「ほら、やっぱり無理じゃん」と思えるような行動に自身を駆り立てるのです。

自分を操るのは自分だけ

「やりたい」「実現したい」の思いと、「無理かも」「どうせうまくいかない」の、相反する2つの思いを人間は同時に抱えています。

しかし、そのときに、どちらの自分を選ぶかは自由です。自分の選択に合わせ、脳は勝手に「網様体賦活系」の機能を使い、そのとおりの現実に自分を導いてくれます。なんだか多重人格のようですが、あなたの中にはどちらにも転べる人格があるのです。

「できない」自分が優位になれば、はじめるのは困難です。無理やり行動しはじめたとしても、継続はできないでしょう。「できる」証拠がみつからないからです。

しかし、「きっとできる」「やりたい」と思える自分を優位にすれば、実現に向けて道が開けます。そうやって、人類は発展したのですから。前向きに行動するからこそ、「実現できる方法」をみつけられるのです。

なにかをはじめようとするその時点では、「うまくいく根拠」も「成功する裏付け」も必要ありません。必要なのは、「やりたい」という気持ちだけです。

次の章からは、やる気ゼロでも淡々と「続ける」コツを紹介します。

第5章

やる気に頼らなくてもうまくいく「続け方」

～焦らないで「ゆるく」続ける～

生まれながらの成功者はいない

うまくいくために、一番威力のある方法はなんだと思いますか？

くり返しになりますが、答えは、「やり続ける」ことです。

本書では、この一番大事な「続ける」ための方法をお伝えしてきました。ここで改めて「続ける」ことの価値をお話しさせてください。

成長や前進のためになにかをはじめても、継続しなければ成果は出ません。**はじめてもすぐやめてしまったら、残念ながらそれはなにもしていないのと一緒なのです。**

「でも、続けたからといってうまくいくとは限らないじゃないか」と声が聞こえてきそうです。

たしかにそのとおりです。続けたからといって、必ず成果が出るとは限りません。しかし、続けることなしに絶対に成果は出ません。社会やSNSで、華々しく活躍しているトップオブトップの人たちも、うまくいかなかった過去があります。うまくいった部分だけをみせているから、「最初からうまくいった人」のようにみえているだけで、**実際には1から10までうまくいった人など存在しません。**

トップユーチューバーのHIKAKIN《ヒカキン》氏が、最初にYouTubeで公開した動画をみたことはあるでしょうか？

ぜひみてほしいのですが、今の洗練された面白い動画と全く違って、「ただ撮ってアップしただけ」のようなものばかりです。しかし、彼はずっと続けたことで、ここまでの大成功をおさめられたのです。

どんなにすごい人も、最初はみんな不慣れな初心者です。

その証拠に、あなたが「この人は本当にすごい」「この人みたいになりたい」と感じる人のSNSやブログ、YouTubeなどで、一番はじめの投稿を確認してみましょう。

コンテンツの並び替えを「古い順」や「月別・年別」にしたりすると、過去の古い投稿を確認することができます。おそらく、「あれ？　今の内容と全然違う」と思うはずです。

「続ける」ことが一番の武器です。

安心してください。ほとんどの人は続けることが苦手です。あなたが淡々と続けているうちに、周りは勝手に脱落していきます。テンションもやる気もいらないので、ゆるーく続けてみましょう。

決意をみえる化する

あなたのやる気が一番高い瞬間を知る

「あのときはあんなにやる気があったはずなのに……」と、ため息をついたことはありませんか。固い決意ではじめたことなのに、時間が経つといつのまにかいつもの日常、いつものやる気のない自分に戻っていて、「あのやる気はいったいなんだったんだ？」となりがちです。

なにかをやりはじめたとき、一番やる気が高いのは「決断したとき」です。

たとえば、ダイエットをしようとRIZAPに入会した人は、その入会したタイミングが一番やる気のあるときです。あとは、基本的にはやる気は下がり続けていく一方です。

上がったやる気が下がるのは、自然の摂理みたいなものですから、仕方ありません。しかし、淡々とでも行動し続けるためには、なんらかの燃料が必要です。もちろん、その燃料が周囲からの応援だったり、やる気のお膳立てだったりするわけですが、自分で自分を鼓舞するひとつの方法として紹介したいものがあります。

手で書くことで胸に刻む

やることは非常に簡単です。**決断した直後、紙に手書きでそのときの気持ちや、決意を書くのです。**

左上の写真は、僕が彼女に振られて決意を新たにしたときのものです。このときは、A3のカレンダーの裏にマジックで書き、部屋のドアに貼っていました。そのドアを開けるたび、書いたものが目に入ってきて、いつでも自分を鼓舞できたのです。

僕が彼女に振られたときに書いたはじめての決意

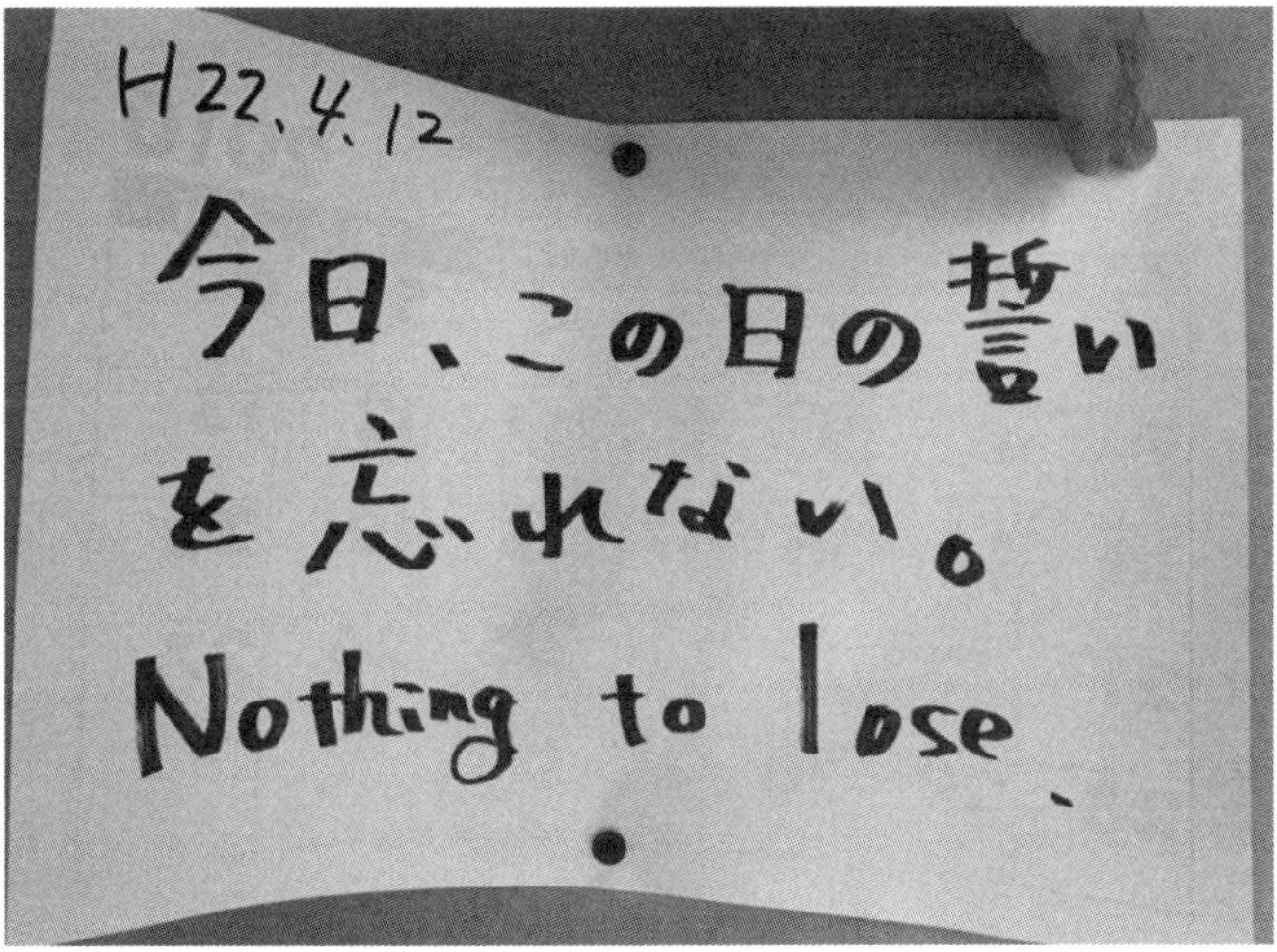

なお、重要なポイントは「手書きする」ことです。**手で書くと、書いているときの思いを体全体で記憶しますから、それを目にするたび、そのときの感覚が蘇ってくるのです。**

10年以上前のことなのに、僕は今でもあのときの非常に悔しかった気持ちをありありと思い出せます。そのときにみえていた景色すら、蘇ってくるほどです。

ここまで自分の決意を記憶に焼き付けることができれば、やる気が地の底に落ちることがあったとしても「でも、諦められない」と再び動き出せます。

このやり方を僕は今も重宝しており、毎年、年末には新年の目標を書き出し、仕事机に座るまでの動線上の壁に貼っています。「やらないこと」「家族のこと」「仕事のこと」「身につけたい習慣」など、記入する内容はたくさんあります。

毎日これを目にすることで年末の決意を思い出すことができ、「やるべきこと」が明確になります。

なにかを決意したときには、すぐにノートや紙に思いを書き記してみてください。それを折りに触れて目にすることで、何度でもそのときの決意を新たにでき、続けられるようになります。

「3つのステップ」があれば、誰でも続けられる

新しくはじめるときにすべきこと

「続けること」が容易になる方法を紹介しましょう。新しくなにかをはじめるタイミングで、次の3ステップを踏むことで、継続できる確率は爆上がりします。

ステップ❶　決意した直後に手書きしたものを目につく場所に貼る

決断した直後、紙に手書きでそのときの気持ちや決意した内容を書き、常に目に入るところに貼ってください。

ステップ❷　それを続けたときの未来やメリットを調べる

目標を達成するためのノウハウやコツ、メリット、成功体験などを徹底的にリサーチします。本やSNS、ブログ、YouTubeなどで探してください。

ステップ❸　それを続けなかった場合の未来やデメリットを調べる

それがうまくいかなかった場合に、どのようなことが起こりうるかを徹底的にリサーチします。ステップ❷と同様に、本やSNSなどで探してください。

具体例を挙げて説明しますね。

僕は以前、「お酒をやめよう」と思い立ちました。お酒を飲むのは大好きなのですが、就寝が遅くなったり、飲みすぎて二日酔いになったりと、次の日によくない影響があることも多く、やめることを決意したのです。

まず「お酒を飲まない」と紙に手書きして、目につくところに貼りました（ステップ❶）。

そして、僕が敬愛する著述家・評論家の勝間和代氏が断酒していることから、彼女のYouTubeをみたり、お酒を飲まない人の習慣や成功体験を調べたりして、モチベーションを強化すると共に、やり方を理解しました（ステップ❷）。

さらに勝間さんのYouTubeをみたり、お酒を飲みすぎて失敗した人や健康を害してしまった人の話などをリサーチしたりして、「お酒をやめないとこうなってしまう」と自分の危機感をあおりました（ステップ❸）。

やめたいときの足かせをつくる

この3ステップは次の内容を目的につくられています。

ステップ❶：何度でも初心に立ち返る
ステップ❷：テンションを高めて、プラス面での動機付けを強化する
ステップ❸：危機感をあおって、マイナス面での動機付けを強化する

ステップ❸は、何度も登場したプロスペクト理論を利用しています。ステップ❷とあわせ、プラスとマイナスの両面から続けるための動機を強化しているのです。

「なるほど！　ここまでお膳立てすれば続けられそう」と思った方もいらっしゃるのではないでしょうか。

そう思えたら大成功です。「勘違いやる気」が発動したということは、行動し続けるための準備は万端です。

断酒のほか、ダイエットや運動など、習慣化したいことがあったらぜひ試してみてください。もちろん、「副業でうまくいく」など、もう少し大きい目標でもＯＫです。

継続する過程では、「やっぱりお酒が飲みたい」「もっと寝たい……」などの誘惑にかられることもありますが、目先の結果に一喜一憂せず、淡々と続けましょう。適宜、ステップ❶で書いた紙を見直したり、ステップ❷と❸をもう一度やってみたりすることで、「いや、やっぱり続けよう」と思えるでしょう。

目標は変えるもの

前言撤回はむしろ大歓迎

「最初に決めたことは、絶対に頑張らないといけない」

このように思い込むことは、継続の妨げになります。

大前提として、「目標は変えていい」と思ってください。最初の目標にしがみつくと、うまくいかなかったときや、ほかに興味をもてることがみつかったときにストレスを感じ、結果的にやる気が下がって続けることが難しくなります。

また、周りの人や環境によって、「もっと上を目指したい」と思うこともあれば、ほかの目標がよいかもと気づかされることもあります。

「うまくいきたい」「出世したい」「副業で成功したい」など、ざっくりとした大きな目標はそのままにして、具体的になにをするか、どこまでを目指すかなどは、状況によって臨機応変に変更して大丈夫です。前言撤回ウェルカムです。

常に軌道修正をくり返す

僕も、これまで試行錯誤する中で何度も前言撤回してきました。そもそも最初は不動産投資を考えていたことはすでにお話ししましたね。その次はヤフオクやアフィリエイト、さらにその次に試したのがゴルフの事業でした。

ゴルフの事業をはじめた当初も、メンターから聞いたゴルフ事業以外の新しいビジネスモデルを試してみたくて、たまらなくなったことがありました。「やめておいたほうがいい」とメンターにいわれたにもかかわらず、方向転換した挙句、うまくいかず、「やっぱりゴルフのほうにします」と戻ってきたのはいい思い出です。

しかし、試したことで「やっぱりゴルフでいこう」と決意を新たにできたので、寄り道が無駄だったとは決して思いません。

Apple《アップル》を創業したスティーブ・ジョブズ氏も、「点と点をつなぐ」と2005年にスタンフォード大学の卒業式でスピーチしたように、**今やっていることはあとで振り返れば、必ず線となってつながり、役に立つ日がくるのです。**

僕の生徒さんも、メルカリやBUYMA《バイマ》などの物販系の副業を試したり、講師業を試してみたりと、いろいろなビジネスを経験しながら、自分に合うものにたどり着いています。

税理士の資格をもつ生徒さんは、最初は事業承継にターゲットを絞って、オンラインでの集客モデルを構築しようとしていましたが、事業承継を検討する人は高齢であることが多く、インターネットと親和性が低いことに気がつきました。そこで、今度はフリーランスなどの個人事業主にターゲットを変更したところ、うまくいくようになりました。なにがなんでも事業承継でいこうと思っていたら、成功するのは難しかったでしょう。

軌道修正する中で目標はコロコロ変えていいし、前言撤回してもいいのです。大事なのは、行きたい方向性に向かって「行動し続けること」です。

数字よりも行動目標

なお、**「行動しやすい目標」を立てることも大事です。**

淡々と行動した結果として目標にたどり着くことが重要なので、**あなたの意思や努力でコントロールできる内容を目標に設定するようにしましょう。**

たとえば、YouTubeのチャンネル登録者数やSNSのフォロワーを増やしたいと思ったとき、あなたならどんな目標を立てるでしょうか？

よくあるのが、「○○までに△△千人にする」など、具体的な数字を入れた目標です。具体的なのはいいことなのですが、チャンネル登録者数やフォロワー数などは他者が関係することであり、あなたの意思や努力でコントロールできません。

そこで、「毎日動画をアップする」「毎日コンテンツを投稿する」など、数字ではなく「行動内容」を目標として立てましょう。コツは、**「この行動目標を達成できれば、目的とする数字の目標のほうにもいつかたどり着ける」ものにすることです。**

こうすることでプレッシャーも軽減され、やるべきことも明確になり、淡々と行動し続けられます。

好きなことを隠し味にするだけで、うまくいく

好きだけではうまくいかないのが現実

なにかをやりはじめてみたものの、「いいとは思うんだけど、あんまり楽しくないな」と思うことがあるかもしれません。

しばらく試したけど、どうしても自分に合わないからやめるのであれば、もちろんかまいません。ただ、**もう少しなにかあれば続けられそうなんだけどな、という場合には、あなたの「好きなこと」を少しだけ混ぜてみてください。**

「好き」の気持ちは続ける意欲になります。もちろん、動きはじめる理由にもなりま

す。とはいえ、「好きを仕事に」と考えると、ハードルが上がってしまうこともたしかです。

僕が最初に就職した会社はゴルフ場でしたが、それはゴルフが好きだったからでした。愛知県出身であることはすでにお話ししましたが、大学の同級生が銀行やトヨタ系列の会社に就職していくなか、アルバイト先であるゴルフ場に就職したのです。

ところが、お給料や仕事のやりがいの面で、どうしてもやる気が出ませんでした。かといって、プロゴルファーになるのも現実的ではありません。

そのような事情もあって副業でインターネットのビジネスなどに取り組んできました。しかし、なかなか「これだ」というビジネスがみつからず、試行錯誤の日々が続いていました。

そんなときに、試してみたのがゴルフ事業だったのです。これがうまくいって独立にいたったのは、やはりゴルフが好きだったことも大きかったと思います。

とはいっても、ゴルフそのものを仕事にしたわけではなく、「インターネットビジネス×ゴルフ」の掛け算だったからよかったのです。

ちなみに、これはゴルフがお金のかかるスポーツだったことも幸いしたからです。お金のあまりかからないスポーツだったら、グッズ販売でも大きな利益は出にくかったでしょう。

とにかく好きなことなら、なんでもうまくいくといいたいわけではありませんが、**好きなことは人より知識があることも多いので、うまくいく可能性は高くなるのです。**

また、ゴルフの事業で独立してからも、講師業をはじめとするいろいろなビジネスを立ち上げ、今はオンライン起業コンサルタントの肩書きで、在宅あるいはオンラインでビジネスをしたい人たちのコンサルティングをしたり、サポートをしたりコミュニティを運営したりしています。このような事業がうまくいっているのは、僕が「人と話すのが好き」「人とかかわるのが好き」だからです。

以前、ヤフオクやアフィリエイトを試していたときは楽しくなかったといいましたが、人とかかわることが少なかったのも理由でした。なにかしら「好きなこと」が介在することで、うまくいきやすくなるのです。

2割程度の「好き」が重要

このような理由からも、僕は「『好き』を少しだけ混ぜる」ことをおすすめしています。

ただ運動するだけだと重い腰は上がりにくいですが、映画が好きな人がスマホで映画をみながら、ウォーキング・ランニングマシンに乗れば気持ちが楽です。英語を勉強したい人は、興味のあるジャンルを題材にした教材を使えば、取り組むハードルは下がるでしょう。

著書『あの日の「徹子の部屋」』でも語られていますが、タレントの黒柳徹子氏は、もともとテレビ女優として演技をしたり、番組の司会を務めたりしていましたが、

「人の話を聞くのが好き」だったことから、現在も続く長寿インタビュー番組『徹子の部屋』（テレビ朝日）がはじまったといいます。

また、僕の生徒さんが、勉強会の様子を写真におさめてくれていました。生徒仲間たちを趣味で撮影しているうちに、いろいろな人から撮影を頼まれるようになり、フォトグラファーになった例もあります。

好きなことそのものを最初から仕事にしようとすると、ハードルは上がりますが、やりたいことや、今取り組んでいることに「好きなこと」をちょっとだけ混ぜてみると、思わぬ道が開けることもあるのです。

なにより、「はじめよう」というモチベーションになりますし、続ける意欲も途切れにくいことが大きな利点です。

好きなことや「快」の感情が混ざっていると、ポジティブなエネルギーが周りの人にも伝わります。そのエネルギーをキャッチした周囲の人間があなたを応援し、手助けしたくなる効果もあります。

迷うな・立ち止まるな・進み続けろ

後悔する人の特徴

やろうかどうか迷っている生徒さんがいたら、僕はいつもいう言葉があります。

「迷ったら進め」です。

迷うのは、やってみたい気持ちがある証拠です。やってみたい気持ちがあるのに迷うのは、うまくいくかわからない不安や、失敗することへの恐怖があるからです。

しかし、そのネガティブな思いを優先し、**進むことを諦めてしまったら**どうなるでしょうか。

迷ったときに進むことを諦めると、あとで後悔するため
「迷ったら進む」ことが大切！

たいていの場合、**あとで後悔します**。あるいは、「あれをやっていたらどうなっていただろうか」の思いを拭えず、今やっていることに集中できなくなります。今やっていることを失敗するたびに「あっちをやっていればよかったのかも」と、過去の「やらなかったこと」にいつまでも心をとらわれてしまいます。

そんなことになるくらいなら、迷った時点でやってみればいいのです。前言撤回ウェルカム、目標はコロコロ変えていいのだとお話ししました。

気になったのならやってみて、それからまた考えればいいのです。

周りの人の「○○したほうがいいよ」「△△がおすすめ」「□□はやめたほうがいい」などのアドバイスは、あくまで参考情報と考えましょう。

やるかどうか、続けるかどうか決めるのはあなたです。うまくいく保証も、根拠も、裏付けもいりません。**熟考は行動の敵です。**あなたの直観や魂が「やりたい」「やってみたい」といっていたら、絶対にやるべきです。そこは僕が保証します。

人は「やったこと」より「やらなかったこと」に後悔する生き物です。

僕は何度も前言撤回と軌道修正を重ねてきましたが、おかげさまで過去に対して後悔したことはありません。清々しい気持ちで毎日を過ごしています。

迷ったときが最高のチャンス

迷ったときは、ある意味、最高のチャンスです。「やりたいこと」がみつかった瞬間だからです。そのチャレンジが大成功しなくても、全く問題はありません。

人生における「点」となって、もっと先の未来であなたが過去を振り返ったとき、「あれをやったから、今があるよな」と思える日は必ずきます。

短期決戦で人生を好転させる必要はありません。そんな博打《ばくち》みたいなことは、僕たちのような、やる気ゼロ民には向いていません。あくまで長期目線でいきましょう。

周りの影響力を借りつつ、自分でも工夫しつつ、続けられなくなるマイナスの要因をなるべく減らしながら、ぼちぼちやればいいのです。淡々と行動し続けたあかつきに、なんとなくうまくいくようになる未来が待っています。

次の章では、スランプに陥ったり、全く動けなくなったりのマイナス状態から「モチベーションゼロ」に戻し、また淡々と行動し続けるための心構えや対処法を紹介します。

第6章

やる気の谷からの「抜け出し方」

～慌てないで淡々と「コレ」をやるだけ～

「やる気マイナス状態」の心得

できない自分を受け入れる

「ダメだ……全然やる気が出ない……」

やる気ゼロどころか、「やる気マイナス状態」に落ち込むタイミングは必ずあります。だからといって、自分のことをダメな人間だと思う必要は全くありません。

そこで再び立ち上がり、のろのろとでも歩き出せるかどうかが、何度もやってくる脱落ゲームの勝敗の分かれ道です。

続けるために大事なのは、行動の障害になっていることを、少しでも取り除くことです。不安があるのなら、その不安をかき消す方法を試せばいいし、面倒なら、面倒じゃないと感じるような方法を試せばいいのです。

というわけで、**「やる気マイナス状態」になってきたら、行動のハードルを思い切って下げてみましょう。**

具体的にいうと、「毎日ブログを書く」「毎日SNSに投稿する」などを目標にしていたとしたら、毎日でなく「2日に1回」や「週の半分」などと回数を減らしたり、文章の量を今までの半分にするなど、量を減らしたりしてみましょう。1時間やるつもりだったことを「今日は30分にしておこう」とするなどもありです。

やらないよりは、断然マシです。

僕の趣味は読書ですが、本を読むのがおっくうなときは、オーディオブックや、電子書籍の読み上げ機能を使ったりしています。これならなにもしなくても勝手に頭に入ってくるので、目で字を追うのと比べて何倍も楽です。

なんとなくテンションが低いときや、不安感から動く気力がわかないときには、尊敬する人やメンターの音声プログラムやYouTubeの音声などを聞いて、テンションを上げ、重い腰をもち上げていました。

このように、タスクを簡素化したり、楽にできるように工夫したりして、少しでも行動のハードルを下げることで、やる気マイナス状態でも続けられるようになります。

頑張るのは3回に1回だけでいい

ある人から、「成功したければ、3回に1回だけ嫌な選択をすればいい」といわれたことがあります。世の多くの人は、ほぼほぼ100%楽なほうを選んでしまうのだろうと理解していますが、3回に1回頑張るだけで成功できるのなら、頑張ってみてもいいかもと心が楽になったのを覚えています。

実際には、僕はより早く成功にたどり着きたかったため、「3回に2回は頑張る」

と自分ルールを定めましたが、基本的には無理しなくていいと思っています。
なので、僕は「今日はもう本当にダメだ」「全然動けない、無理」というときには、今も潔く諦めて寝てしまいます。本当です。

ただし、**「サボっているのではなく、休んでいる」と自分にいい聞かせています。自分をダメな奴だと思ってしまうと、ますます動けなくなるからです。**

ハードルもレベルもいくらでも下げてもいいので、とにかく継続することが最優先です。

調子には波があります。爆速で動けるときもあれば、カタツムリやナマケモノみたいにしか動けないときもあります。
しかし、続けていれば必ず行きたい方向へたどり着けます。自分に厳しくしすぎず、ゆるーくやりましょう。

心が折れやすいあなたへのトリセツ

谷に落ちた自分を想像する

せっかく行動しはじめたのに、なかなかうまくいかなくて心が折れてしまった。あるいは、「このままうまくいかなかったらどうしよう」と、不安のあまり心が折れてしまった……。そうならないために、あらかじめ先手を打っておくことが大切です。

第4章でも、失敗した場合に自分がどうなるか、どうするかまで考えておくと怖さで行動できなくなるのを防げる、とお話ししました。

この考え方と同じように、**なにかトラブルが起きそうな予感があるときや、リスク**

を察知したタイミングなどで、早めに「最悪の事態」を予想しておきましょう。

さらに、それに対処する現実的な対応策も考えておくことで「〇〇になったらどうしよう」と、未来への不安で心が折れたり、やる気が萎《しぼ》んだりするのを防ぐことができます。

万が一、**実際に「最悪の事態」が起きたとしても、トラブル対応の準備ができている状態なので、パニックになったり、落ち込んで動けなくなったりせずにすみます。**

「最悪の事態を考える」ことは一見ネガティブなことのように思えますが、実はいいことづくしなのです。

あなたの「頭」は賢い

仮に、最悪の事態に対処する具体的な方法を思いつかなくても、大丈夫です。まだ、その事態が起きたわけではありませんから、準備する時間はたくさんあります。

「こういう可能性が起こりうる」と頭の片隅においておくことで、その状況を打開する解決方法をみつけるためのアンテナが、頭の中で自動的に立ち上がります。

そう、第4章で登場した「網様体賦活系」の機能です。無意識のうちに意図したものや、必要なものだけを意識下に取り込むフィルター機能によって、予想した最悪の事態に対処する方法を、脳が自動的に探してくれるのです。


僕もこの機能に助けられたことが何度もあります。

あるチャットツールで、アカウント停止のピンチにあったことがあるのですが、以前からそうなる可能性は頭に入れていたため、別のツールにすぐに移行できました。


しかも、アカウントを復活させる方法を知っている人と、なぜかすぐに知り合うことができ、無事、元のツールを使えるようになったのです。

使い勝手の面でも元のツールが理想的だったので、本当に助かりました。これも、早い段階で最悪の事態を想定していたおかげです。

「パンがなければお菓子を食べればいいじゃない」が必要

また、最悪の事態とまではいかなくても、**うまくいかなかったときに備えた「プランB」を用意しておくと、心の余裕につながり、やる気の谷に落ちにくくなります。**

人生もビジネスも、予定どおりにいかないことはたくさんあります。行動しはじめたのはいいものの、思うようにいかずに心が折れてしまう人がいるのは、「予定どおりにいったらいいいな」の希望的観測で動き、不測の事態を想定していないからでしょう。

利用しているツールの改変や、アップデートなどによって前提条件が変わったり、社会情勢や状況が変わったりして、**あなたがやっていたことや、やろうとしていたことができなくなることも珍しくはありません。**

「こんなはずじゃなかった」と想定外の状況に陥ると、そこから立ち直るのはなかなか大変です。そうならないためにも、「これがダメならあれをやろう」の代替案的なものを常に頭の片隅においておくようにしましょう。

僕もこれまでいろいろな副業を試しましたが、「これがダメだったらあれをやろうかな」の一環だった面もあります。**「次の一手」があれば、今やっていることがうまくいかなくても、すぐに次の行動に移れるのです。**

「これがうまくいかなかったら次はない」の状況だと、「絶対に失敗できない」という心理が働いてやる気が上がりにくくなりますが、「ダメでもあれがあるもんね」と思えば、リラックスして取り組めます。

人は安心・安全な心理状態にあれば、本来の自分のパフォーマンスを発揮できます。未来の不安要素は早い段階でつぶし、のびのびと行動しましょう。

最終兵器「1分やる気術」

最後の砦《とりで》「究極の必殺技」

「こりゃダメだ、笑えるくらいやる気が出ないぞ」というタイミング、あなたにはありませんか？

僕にはよくあります。ソファにごろんと横になったが最後、全く起き上がれなくなることが僕にはよくあります。困ったものです。

しかし、目の前にやるべきことはある。あと回しにしたら、あとで痛い目をみることもわかっている。……でも、動けない。

そんなときに僕がいつもやっている必殺技を紹介しましょう。

「1分やる気術」です。この必殺技は、ネーミングのとおり、とりあえず**1分だけ頑張るためのものです。1分でも全くやらないよりはマシです。**とりあえず、1分だけやりましょう。

「それでも動けないよ」という声が聞こえてきそうです。ですよね、でも大丈夫です。この必殺技には1~6の手順があります。手順どおりにやってみてください。

❶今回の「1分」でなにをするかを決める
❷「パソコンを開く」「読もうと思っている本をもってくる」など「準備」をする
❸何時から行動をはじめるかを決める
❹開始予定時刻の1分前に背筋を伸ばして、「バンザイ」のポーズをする
❺開始予定時刻の5秒前から、「5、4、3、2、1」とカウントダウンする
❻開始予定時刻になったら、1分だけ作業をする

この手順はやる気ゼロ民（僕）のために考案したものであり、さまざまな工夫が盛り込まれています。

まず、「1分でいい」と、心理的なハードルを限りなく下げています。しかも、やらないよりはマシなので、「続けられなかった」と落ち込むリスクはすでに取り除かれています。

そして、軽く準備をするステップを設けることで、実際に動くための心理的なハードルも段階的に下げています。

行動開始予定時間を決めるのも大事なポイントです。10分後と決めたら、「あ

「1分やる気術」で動けるようになる！

と10分はゴロゴロできるぞ」と、心に余裕が生まれるからです。

そして、「バンザイ」ポーズは、2012年頃に「自信とやる気が出てくるパワーポーズ」として話題になりました（やる気に関連するホルモンにも影響があるとの研究結果は、再現性がないとして取り下げられていますが、僕自身は実際にやってみて気持ちを切り替える効果があるように感じたため、騙《だま》されたつもりで取り入れています）。

さらに、5秒間のカウントダウンを設けているのは、時間の制約によって行動をあと押しする「カウントダウン効果」と呼ばれる心理効果を狙ったものです。

ここまでお膳立てすれば、どれだけやる気がなくても「1分」くらいなら頑張れます。1分やってみて、もし「もう少しやれそう」と思ったら、小さな延長をするのはかまいません。5〜10分程度延長すれば、第4章でお話しした、脳の「作業興奮」の仕組みが発動し、そのまま集中し続けられる可能性もあります。

休むのも仕事

作業興奮が発動せず、1分で「やっぱりもう無理」と思ったら、予定どおりに1分でやめましょう。そして、もう、寝ちゃいましょう。サボっているのではありません、休息しているのです。

1分でもやれば「やめた」「諦めた」ことにはなりません。

大事なのは「続ける」ことです。自分に厳しくしすぎないでください。

ちなみに、僕がこの「1分やる気術」を使う頻度は、ほぼ毎日です。

思考停止したいときのTODOリスト

やる気マイナス状態の自分にプレゼントを準備する

次に紹介する方法は、「全く動けないほどではないけど、難しいことや面倒くさいことはできない……」というときのためのものです。

なんとなく気分が乗らないときや、テンションが低いとき、あるいは1日の終わりの夕方で、疲れているタイミングなどに利用してみてください。

まず、**そのようなタイミングでもできるような、難しくない作業のリストを事前につくっておきます。**チケット予約、配布物を印刷する、データの転送、簡単な資料のまとめ、請求書の作成、領収書の整理、机の上の片付けなど、いろいろありそうです。

「緊急度と重要度のマトリクス」をご存知でしょうか？

スティーブン・コヴィー著の『7つの習慣』で紹介されているもので、タスクを「重要度」と「緊急度」で振り分けたものです。下図のとおり、縦軸は「重要度」、横軸は「緊急度」で、エリアを4分割しています。**用意するリストは、「重要でも緊急でもない」のものです。**

元気があるときには、「重要かつ緊急」

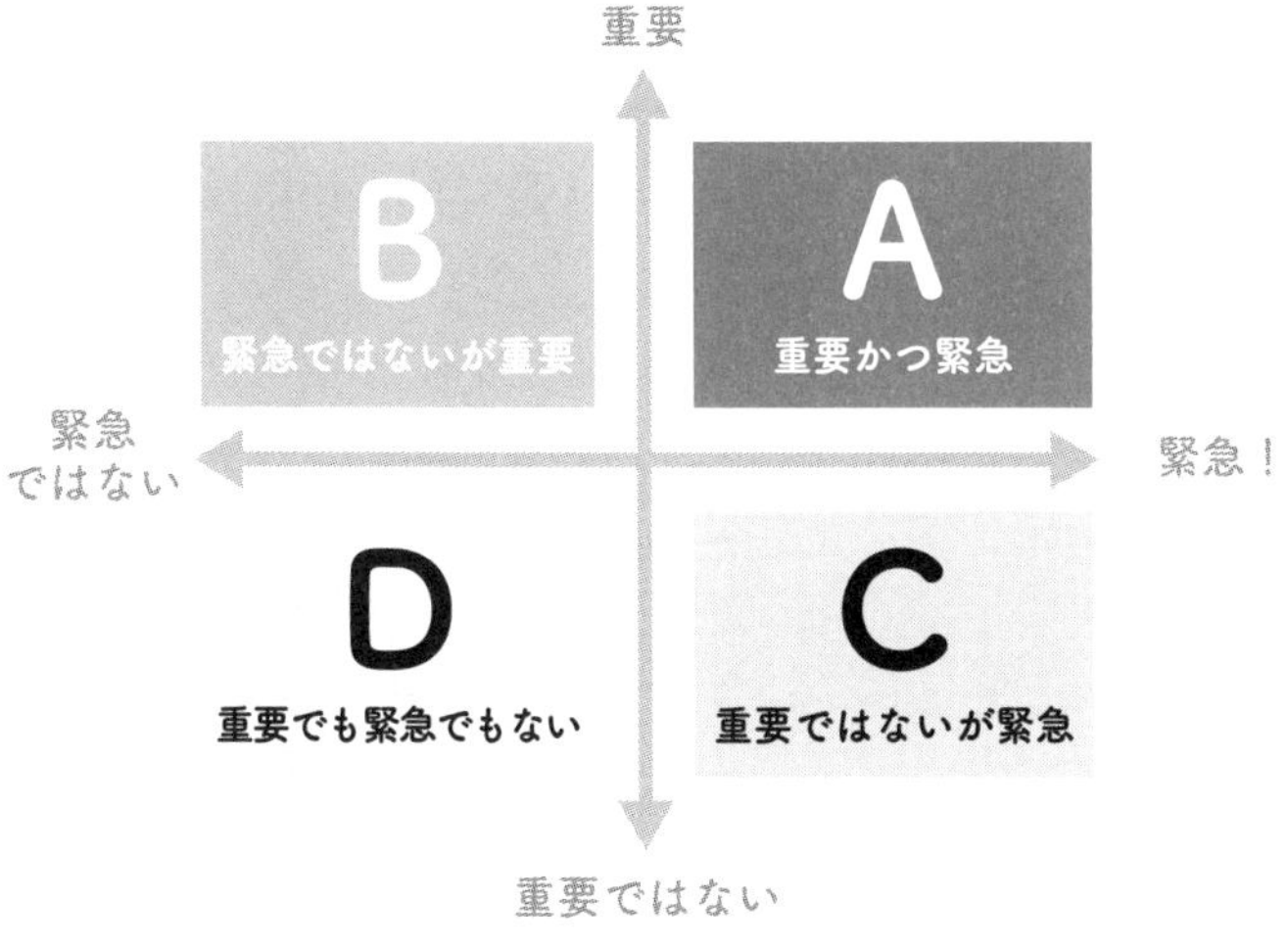

緊急度と重要度のマトリクス

スティーブン・R・コヴィー．完訳7つの習慣．FCE（キングベアー出版）より一部改変あるいは「緊急ではないが重要」なものに手をつけるべきです。しかし、冒頭でお伝えしたようなやる気のないタイミングにはいささかハードルが高いといえます。そこで、**「重要でも緊急でもない」に該当するタスクを羅列したＴＯＤＯリストをあらかじめつくっておき、問答無用、思考停止でいいので上から順番にこなしていくのです。**

パソコンやスマホにデフォルトで入っている「メモ」機能や、リマインダーアプリ、ＴＯＤＯリストアプリ、手帳、付箋など、使いやすいものならなんでもかまいません。

普段生活していて、そのタスクが発生するたびに追加していってください。そして、いざ冒頭のようなタイミングがきたら、そのリストの内容に取り掛かるのです。

僕は1日の終わりのラスト30分くらいの「疲れているけど、もうひと作業したいな」というときによく利用しています。

「25分と5分」がポイント

なお、**取り掛かる際は、3つくらいをピックアップし（上から順番にでもいいですし、緊急度順ややりたい順でもOKです）、25分くらいかけて作業しましょう。**タイマーを25分にセットして作業し、終了のアラームが鳴ったら**5分程度休憩してください。**

この「25分集中して5分休む」のを何回かくり返すのは、「ポモドーロ・テクニック」といわれる時間管理術であり、生産性を上げる手法として知られています。

このサイクルをくり返しているうちに集中力が高まり、マトリクスの「重要かつ緊急」「緊急ではないが重要」なものに取り掛かれるレベルまで気力が戻ってきます。

25分も頑張れそうになければ、5分でもかまいません。なにかひとつでもリストの内容を消化できたら、自分を褒《ほ》めてあげましょう。そして休みましょう。

そうすれば、また歩きはじめることができますよ。

とりあえずゴールしてみる

20％の完成度が成功へのステップ

終わりのないマラソンを走り続けられる人はいません。いつまで経ってもゴールがみえてこなければ、やる気が萎むのは当たり前です。

自分の目指しているものを遠くに感じて、しんどくなってしまったときは、今あなたがやっているその作業を、とりあえず終わらせてしまいましょう。

「いや、終わらないからしんどいんだよ」と反論する方もいらっしゃるかもしれません。では、いい直します。とりあえず、**20％の完成度でいいので、終わらせちゃって**

ください。

「20%でいいの？　え……ダメじゃない？」と思ったあなたは「2‐8の法則」（パレートの法則）を思い出してください。「経済活動における数字のほとんど（8割）は全体のごく一部（2割）の要素によって生み出されている」とお伝えしました。

つまり、20%の完成度で十分に目的は達成できるし、効果は出るのです。

SNSへの投稿もしかり、ブログやYouTubeの更新もしかり、提出物もしかり、サービスのリリースもしかり、「完璧」を目指すといつまで経っても投稿も更新もリリースもできません。

そもそも**「完璧」の基準は人によって違います。そのような曖昧《あいまい》なものを行動基準にするのは危険です。**失敗する不安や、行動する恐怖から「まだ完璧じゃないから○○できない」と、いつまでも行動しないいい訳にしてしまう可能性もあります。

もちろん、自分より質の高いコンテンツを発信している人は、いくらでもみつかるはずですが、その人たちと同じレベルを目指す必要はありません。

20％くらいの基準まで達しているなと思ったら、ＧＯしちゃいましょう。それをくり返しているうちに、作業にも慣れ、内容もどんどん洗練されていきます。

このあたりは、第5章のHIKAKIN氏をはじめとする、あまたの「すごい人」たちも一緒です。彼らも時間をかけ、回数を重ねることで、今のような洗練された成果物をアウトプットできるようになったのです。

第2章でも、完璧主義な人と一緒にいると物事が一向に進まないとお伝えしましたね。あなた自身も完璧主義の罠にはまらないよう、気をつけてください。20％の完成度でＧＯし、少しずつ軌道修正したり改良したりしていけばよいのです。

20％の完成度でいいので、とりあえずどんどん終わらせていけば、達成感を味わえるので、行動するのがどんどん楽になります。

イージーモードを味方につける

半径30センチの目標を立てる

先ほどもお話ししたように、ゴールが遠すぎると先のみえない不安や、焦燥感を感じやすくなります。つまり、**「続ける」ためにはゴールはなるべく手前にあるほうがいいのです。**

とはいっても、大きな目標を立てている場合、本命のゴールにはそんなに簡単にたどり着けないこともたしかです。そこで、**「イージーモード状態で、達成可能な行動目標」を何回も実行するつもりで行動してみましょう。**

第3章で、リアルのイベントに参加する際、最初の3回は毎回必ず主宰者の人たちに挨拶してほしい、とお話ししましたよね。これもまさに、「少しの頑張りで達成が可能な行動目標」のひとつで、これができれば主宰者に顔を覚えてもらうことができ、群れの居心地がよくなるわけです。

そして周囲の人から押し上げてもらえ、なんとなくうまくいく流れになるのです。

このように、**小さな目標達成を重ねた先に大きな目標を達成してほしいのです。**最初から「主宰者に顔を覚えてもらい、アドイスもらおう」などを目指してしまうと、ハードルは相当高くなります。実現できなかったら、挫折感やがっかりした気持ちを味わい、もうやめたくなってしまうかもしれません。

「懇親会などで、主宰者や中心メンバーと同じテーブルに座る」などの方法も、同じ意味合いがあります。親しくなることを意気込んで失敗するよりも、「同じテーブルに座る」などの小さな行動目標を続ければ、結果的に「親しくなる」のです。

〝無〟でも大丈夫

こんな具合に、焦らず、淡々と小さな達成を積み重ねてほしいのです。**「イージーモード状態で達成可能な行動目標」であれば、正直、ほぼ思考停止でも行動できますから、やる気の波が谷に落ちている状態でも実行できます。**

最初からうまくいくようになるのは、元より無理な話です。でも、少しずつでも積み重ねれば、うまくいくようになることは可能です。

やる気のないタイプの人は、高い目標を設定しても不安を感じるだけです。それよりも、イージーモードでいいので、1つひとつ実行していき、小さな行動目標をたくさんクリアしてください。その先に、必ず、今よりいい未来が待っています。

人生は「自分ルーティーン」でよくなる

ひとつの習慣が、人生を大きく変える

とくにやりたいことや目標があるわけでない、という方もいらっしゃるでしょう。そのような人でも、勝手になんとなくうまくいくようになる方法があります。

それは、**「自分ルーティーン」を設定すること**です。

自分ルーティーンとは、「この習慣が身につけば、いい感じの人生になるだろうな」とあなたがイメージする1日の流れをスケジューリングしたものです。いってみれば**「理想の1日」**です。

なお、具体的に目標がある人は「こういう生活習慣があれば目標にもたどり着けるだろうな」「この目標を達成している人はこういう生活をしているだろうな」をイメージして、スケジューリングするとよいでしょう。

「習慣」のすごいところは、考えなくても行動できてしまうところです。思考停止でいいのです。つまり、**どれだけやる気マイナス状態でも、ルーティーンどおりに生活するだけで、自動的に前に進めてしまうのです。**

もちろん、習慣になるまでに、多少の努力を要することは承知の上です。

「理想の1日」を設定したところで、そのすべてを完璧にこなせなくても、かまいません。しかし、**「こういう生活をしたいな」と具体的にイメージしたり、書き出してみたりすることで、少しでもそこに近づけることは間違いありません。**

第4章でもお伝えした「クリエイティブ・インテンション」の力があるからです。

なにかひとつでも習慣にすることができたら、しめたものです。**ひとつでも習慣が**

変われば、生活や人生全体への影響は意外と大きいものです。

僕は「断酒」や「早起き」を習慣にしていますが、この習慣が僕の人生にもたらしている影響は、計り知れないと感じています。

ぜひ、なにかひとつ「これぞ」というものを、ルーティーン化してみましょう。それだけで、とくにやりたいことがなくても、目標があるわけでなくても、毎日と人生は必ずよいものに変わります。習慣化の仕方については第5章を参考にしてください。

見直せば見直すほど、結果はよくなる

なお、自分ルーティーンをつくって実行してみる中で、「これはちょっと厳しそうだな」と感じるタイミングもあるかもしれません。たとえば、本来夜型の人が朝型の生活をしてみても定着は難しいでしょう。

やってみて「無理だ」と感じたら、すっぱり諦めてほかのことを習慣にしましょう。

また、朝型生活をするにしても、「5時に起きるのはつらい」と思ったら、6時にしてみるなど、レベルを調整することも試してみてください。下方修正も前言撤回もウェルカムです。

ちなみに、僕は仕事のパフォーマンスを最大化できるような、理想の1日を思い描き、日々奮闘しています。最近は2時起きの超朝活に挑戦しているところです。

習慣になるまでには、最低3週間かかるといわれていますが、習慣化さえしてしまえば思考停止・ノールックでこなせてしまうのは、大きなメリットです。まさに、やる気ゼロ民にぴったりではないでしょうか。

日々の生活が少しでもよい方向へ変化していくのを体感すると、非常に大きな達成感と充実感を味わえます。

そんな小さな毎日を積み重ねて、今より少しでもいい未来と、「なんとなくうまくいく人生」を手に入れましょう。

おわりに

最後まで読んでくださり、ありがとうございます。
やる気ゼロを自称するわりには、最後まで読めるなんてすごいじゃないですか！
ぜひ、自分を褒めてあげてくださいね。

この本は僕の初著書なのですが、「はじめて」がやる気ゼロ民にとって強大な敵であることは、本編で何度もお伝えしてきました。

しがないサラリーマンから年商3億円超の起業家として、独立してから10年以上経ったものの、相変わらず僕のやる気は低空飛行を続けています。

本づくりの過程は不慣れなことばかりで、正直、僕のなけなしのやる気は何度も底をつきかけました。しかし、なんとか無事に出版にたどり着けたのは、まさにこの本でお伝えしてきた「長いもの」や「群れ」のパワーのおかげです。その効果については、この本を読んでくださったみなさんなら、すっかり理解できていることでしょう。

「できるからやる」のではなく、「やるからできるようになる」。

これが僕の座右の銘です（本編でも一度登場しています。どこで出てきたか覚えていない人は、ぜひ探してみてくださいね）。

うまくいく人になるのに「やる気」はいりません。

「やる気」がなくても、やり方次第で人生はうまくいくし、成功することだってできます。

もう明日から「やる気を出さなきゃ」と思う必要はありません。

やる気ゼロのまま、モチベーションもゼロのまま、この本の内容を参考に、みなさんもなんとなくうまくいっちゃってください。

最後に感謝を伝えたいのは、母です。オンラインビジネスがまだ浸透していない時代に、起業のために実家の部屋に引きこもっている姿を見守る母は、とても心配していたと思います。しかし、母は体を気遣ってずっと応援してくれました。

当時一番身近だった母のあと押しと、みなさまとの出会いのおかげで今の僕があります。だから、本当の最後の最後にあなたに伝えたいことは、「やりたいことをやりましょう」ということ。たった一度の人生、やりたいことに挑戦しましょう。

あなたの周りの人が、仮に反対しても、僕はあなたを応援します。だって、自分でいうのもなんですが、これだけどこにでもいるような平凡代表の僕でも、こうやって自分らしい理想の人生を手に入れることができたんですから。

だから僕は断言できます。
あなたならできます。大丈夫です。あとはやるだけです！

三浦紘樹

『プレゼント』のご案内

最後までお読みいただき、ありがとうございました！
みなさまに感謝の気持ちを込めてプレゼントをご用意しました。
ぜひアクセスして、やる気ゼロでうまくいってみてください！

◆やる気ゼロだからうまくいく！　頑張らない習慣術

◆なんとなくうまくいきはじめる
「自分ルーティーンのつくり方」

◆やる気ゼロの僕が歩んだサクセスストーリー

◆やる気ゼロから人生を激変させた実践者インタビュー

（※上記すべて動画）

詳細は下記よりアクセスしてください。

〈ダウンロードURL〉

https://www.front-innovation.com/yarukipresent

著者プロフィール
三浦紘樹（みうら・ひろき）
1983年愛知県生まれ。大学卒業後、地元の中小企業に就職。趣味はゴルフで4000人以上の会員がいるゴルフクラブでクラブチャンピオンになるも、勤め先の会社の業績は悪化し給料は減少。30歳頃には給料が月収19万にまで下がる。やっと重い腰を上げて副業を開始するものの、入会したビジネス起業塾では常に劣等生。ウマい話に飛び付いて会社設立詐欺にも遭い、なんの結果も出せない時期が長く続く。自身の行動力のなさに向き合う中で人をみる目を養い、「周りに巻かれる」「朱に交わって赤くなればいい」「ネガティブにはじめる」といったコツに開眼。現在は4社を創業し、ゴルフ関連の商品を開発・販売する会社やコンサルティング事業、WEBマーケティング会社などを立ち上げた。2017年より主宰する起業家コミュニティでは行動をうながし続け、7年間で輩出した起業家は延べ3000人を超える。

やる気がなさそうなのに
なぜかうまくいく人がやっていること

2024年5月31日　第1刷発行

著　者　三浦紘樹

発行者　矢島和郎
発行所　株式会社 飛鳥新社
〒101-0003
東京都千代田区一ツ橋 2-4-3 光文恒産ビル
電話　（営業）03-3263-7770　（編集）03-3263-7773
https://www.asukashinsha.co.jp

ブックデザイン　藤塚尚子（etokumi）
装　画　山内庸資
本文イラスト　佐藤まなか
校　正　矢島規男
編集協力　村上杏菜
企画協力　おかのきんや（企画のたまご屋さん）、樺木 宏（株式会社プレスコンサルティング）

印刷・製本　中央精版印刷株式会社

ISBN978-4-86801-013-5

編集担当　松本みなみ